Bernadette Olderdissen
Lesereise Ligurien

Bernadette Olderdissen

Lesereise Ligurien

Umarmt von Mittelmeer und Bergen

Picus Verlag Wien

Copyright © 2022 Picus Verlag Ges.m.b.H., Wien
Alle Rechte vorbehalten
Grafische Gestaltung: Dorothea Löcker, Wien
Umschlagabbildung:
© jon chica parada / iStockphoto
Druck und Verarbeitung:
FINIDR, s.r.o., Český Těšín
ISBN 978-3-7117-1112-0

Informationen über das aktuelle Programm
des Picus Verlags und Veranstaltungen unter
www.picus.at

Inhalt

Die berüchtigten Vicoli von Genua
*Ein Ort von Gefahr, aber auch von Inspiration für
Künstler und Musiker wie Fabrizio De André* 9

Grünes Glück aus Genua
*Pesto genovese ist Genuas ganzer Stolz – doch er kommt
nicht auf alle Nudeln* 17

Ardesia – wenn Steine zum Leben erwachen
*Der ligurische Stein dient Künstlern als Grundlage für
regionales Kunsthandwerk und Sonnenhungrigen als
Strandtuchunterlage* 24

Kein Tag ohne Focaccia
*Nicht nur der beliebteste Strandsnack: Das ligurische
Fladenbrot bestimmt den Duft der Gassen* 32

Optische Täuschung
Das Mysterium der aufgemalten Fassaden 39

Punta Chiappa, Liguriens schönes Hinterteil
*Wer von einem Ort, der Pobackenpunkt heißt, nicht viel
erwartet, könnte einiges verpassen* 46

Feuerwerk für die Madonna
*Viele Feste Liguriens drehen sich um Heilige so auch die
Fuochi di Recco jeden September* 53

Der Herr der Wellen
*Wie der Schriftsteller Mario Dentone seine ligurische
Heimat in seinen Werken verewigt* 61

Die Cinque Terre
Liguriens weltberühmte Dorfschönheiten 69

Elfhundert Stufen zum Meer
Wer zwischen den Klippen Monesterolis baden möchte, hat einen weiten Weg 74

Liguriens kleines Stonehenge
In den bewaldeten Hügeln zwischen Lerici und Romito Magra verbergen sich Monolithen, auf denen das Licht jedes Jahr zur Sonnenwende einen goldenen Schmetterling hervorlockt 77

Borghi, die Dörfer über dem Meer
Einige von ihnen zählen zu den schönsten Italiens – die ligurischen Dörfer oberhalb des Meeres 82

Die Hexen von Triora
Ein Dorf in der Provinz Imperia, wo einst Hexen verfolgt wurden, steckt laut Meinung vieler noch immer voller Geister 90

Bussana Vecchia – von der Geisterstadt zur Künstlerkolonie
Ein Dorf, das nach einem Erdbeben zerstört und verlassen wurde, hat sich seit den sechziger Jahren zur Heimat für internationale Künstler entwickelt 98

Auf dem Dach Liguriens
Im Gegensatz zur überlaufenen Cinque-Terre-Wanderung bietet der ligurische Westen einsame Wege in den Seealpen – bis hinauf auf den höchsten Berg Liguriens 108

Süße Küsse
Die Baci di Alassio sind köstliche Dickmacher mit langer Tradition 116

Dolceacqua – mehr als nur süßes Wasser
Im Hinterland Liguriens entsteht der angeblich beste Rotwein der Region 124

Die berüchtigten Vicoli von Genua

Ein Ort von Gefahr, aber auch von Inspiration für Künstler und Musiker wie Fabrizio De André

Genua, Liguriens Hauptstadt, ist die Stadt der »Viertel, wohin die Sonnenstrahlen des lieben Gottes nicht reichen« *(quartieri dove il sole del buon Dio non dà i suoi raggi)*. So zumindest beschreibt Fabrizio De André (1940–1999), Genuas wohl bekanntester Liedermacher, die Altstadtgassen seiner Heimatstadt in seinem Lied »La Città Vecchia«. Es geht um betagte Männer, die draußen an den Tischen der Bars zusammensitzen und sich über Gott und die Welt beschweren. Um Mädchen, die Prostituierte als Models ansehen und sich vorstellen, eines Tages wie sie zu sein. Auch um Herren in gehobenen Positionen, die die leicht bekleideten Damen regelmäßig besuchen (frei übersetzt: »Was suchst du in jenem Tor, alter Professor?«), um Betrüger und Kleinkriminelle (»Diebe, Mörder und komische Typen ... einen, der für dreitausend Lire seine Mutter an einen Zwerg verkauft hat«).

Die Gassen, auf Italienisch *vicoli*, inspirierten De André allerdings nicht nur zu »La Città Vecchia«. Viele weitere seiner Liedtexte gelten bis heute als musikalische Entdeckungstour von Genuas Altstadt und als Manifest der doppelten Bürgermoral, sei es in »Via del Campo« mit ebenfalls einer

Prostituierten als Protagonistin oder in »A dumenga« (Der Sonntag), einem in genuesischem Dialekt geschriebenen Lied. Diesem zufolge gestand der Senat den Freudenmädchen der Stadt nur sonntags nach getaner Arbeit zu, ihr Gassenviertel zu verlassen und die Messe zu besuchen – unter öffentlich geäußerter Empörung der schaulustigen Viertelbewohner, inklusive dem Hafendirektor. Diesen erwähnte De André sicher nicht zufällig, denn Dokumentationen beweisen, dass Instandhaltungsarbeiten im Hafen auch dank der Mieteinnahmen durch Bordelle finanziert wurden.

Doch nicht nur De André dienten die *vicoli* mit ihrem sündigen Treiben als Muse: Wer »Il cielo in una stanza« (Der Himmel in einem Zimmer) von Liedermacher Gino Paoli (geboren 1934) lauscht, sollte sich von den vor Romantik triefenden Worten nicht täuschen lassen: Die Angebetete ist eine Prostituierte, in die sich Paoli laut Interviews verliebt hatte, und die mehrfach besungene »fliederfarbene Decke« befindet sich im Zimmer des Bordells »Il Castagna«. Wer neugierig ist, kann sich noch heute auf die Spuren des Sängers begeben, denn das Bordell befand sich im Vico dei Castagna 4 und steht auf der To-See-Liste von Altstadtführungen zur reichen Geschichte der genuesischen Gassen.

Nun hat sich viel verändert in Genuas Altstadtgassen, seit De André und Paoli diese Lieder Ende der fünfziger Jahre und in den Sechzigern schrieben. *Bella Italia* wie aus dem Bilderbuch mit Sonnenschein, der hübsch restaurierten und erleuchteten *palazzi*, mit unübertroffenem *Pizza*-Duft und glücklichen Menschen, die zwischen schicken Boutiquen flanieren, findet man in Genuas *vicoli* jedoch noch immer nicht. Der angeblich größte erhaltene Altstadtkern Europas reißt Genua-Anfängern selbst ein gutes halbes Jahrhundert nach den realitätsnahen Beschreibungen der beliebten Liedermacher die rosarote Italien-Brille von der Nase. Er entführt sie in einen zunächst gewöhnungsbedürftigen Mikrokosmos, der hinter fast jeder Ecke auch Überraschungen verbirgt. Schnell verleitet er vor allem zu Einem: den Reiseführer oder das Handy mit der App einfach mal wegzustecken und sich treiben zu lassen. Von Gasse zu Gasse, einer spontanen Eingebung folgend oder Neugier, die der Blick nach rechts oder links erweckt. Auf die kleinen Dinge zu achten, und zwar nicht nur auf die Hundehaufen auf dem Boden, sondern auch auf die Madonnen- und weiteren Statuen an zerfallenen Hausfassaden. Auf unscheinbare Bar- oder Restaurantschilder, hinter deren Graffiti-verschmierten Türen sich gemütliche Einkehrmöglichkeiten eröffnen. Auf das Stimmengewirr aus verschiedenen Sprachen, das manche Gassen bis in die späten Stunden durchzieht. Und wer staunend an der schmucken Cattedrale San Lorenzo emporschaut, sollte noch einmal an die Freudenmädchen aus De Andrés und Paolis Liedtexten denken – der Bau des Gotteshauses wurde größtenteils aus Steuergeldern finanziert, und dazu leisteten die Prostituierten wie alle anderen Arbeiter Genuas einen erheblichen Beitrag.

Zugegeben, ich selbst habe eine Weile gebraucht, bis ich mich mit Genuas *vicoli* anfreunden konnte.

Und das, obwohl ich 2009 spontan einen Job in Genua annahm, von einem Tag auf den anderen in die Hafenstadt zog und die nächstbeste Wohnung anmietete – inmitten der *vicoli*. Noch heute erinnere ich mich lebhaft an den ersten Eindruck, den ich später in einem humoristischen Roman über meinen Neuanfang in Italien folgendermaßen verarbeitete:

»Es stinkt. Ich halte den Atem an. Hauptbestandteile der Note sind Hundekot und Urin, Feuchtigkeit, die sich tief in die alten Gemäuer geschlichen hat und vergossener Alkohol. Dunkelheit und Verfall umklammern die kleinen Straßen und ihre fleckigen Gebäude, an denen der Putz abbröckelt. Dazwischen mischt sich eine kaum wahrnehmbare Brise mit dem Duft nach frisch gewaschener Wäsche, die zwischen Hauswänden tropfend und schlapp über den Gassen hängt. Erbrochenes vom Wochenende klebt noch in manchen Ecken, lässt darauf schließen, was die Genueser vor dem Diskoabend zu sich nehmen. Mitten auf dem Weg liegt ein zerschmettertes Ei. Eine Möwe versucht, aus einer Durchfallpfütze einen matschigen Hamburger zu retten. Wäscheklammern, Hundehaufen und Müll aller Art zieren die Straßen wie Konfetti. Ich lege einen unfreiwilligen Slalom ein, um den übelsten Bodenbelägen bestmöglich auszuweichen. Zwei Nachbarinnen schreien sich aus gegenübergelegenen Häusern entgegen, es geht um *pasta*, *ristorante* und *stronzo*, was ich nicht verstehe. Aus einem anderen Fenster brüllt Musik: *Che sarà, sarà*. Ein Mann krächzt dazu – von Rhythmus und

Tonlage hat er noch nie gehört. Wir erreichen eine ansteigende Gasse. ›Vico Vegetti‹, steht auf dem Straßenschild, ›*merda*‹ in Großbuchstaben auf der ersten Hauswand – die Künstler dieser Aufschrift haben die Gedanken vieler vorbeikommender Passanten erraten. Über der ganzen ›Scheiße‹ wacht an einer Fassade eine Madonnenfigur. Lächelnd, die Lippen entschuldigend zusammengepresst, sieht sie auf mich herab. Aus einem höheren Stock des gleichen Hauses fliegt zwischen frischer Wäsche hindurch verschimmeltes Brot, das um ein Haar auf meinem Kopf landet. Eine Heerschar hungriger Tauben stürzt sich dankbar darauf.«

Nein, es war keine Liebe auf den ersten Blick zwischen Genuas *vicoli* und mir und den allermeisten Besuchern wird es beim Gassenspaziergang ähnlich ergehen. Manche Zonen der *vicoli* wurden über die letzten zehn Jahre ordentlich aufgehübscht und beheimaten nun brandneue, hippe Restaurants und Läden. Aber auch das wahre Genua, wo es mal stinkt, nicht alles touristenfreundlich herausgeputzt ist und wo das echte Leben in den Straßen pulsiert, ist erhalten geblieben. Zum Glück.

Anfängern empfiehlt es sich, die *vicoli* tagsüber zu erkunden. Noch heute erzählt man sich gerne Schauergeschichten, was nach Einbruch der Dunkelheit insbesondere in den Gassen rund um die berüchtigte Via di Prè alles vor sich geht – meist Drogenhandel, in den man während der Sightseeing-Tour nicht unbedingt verwickelt werden möchte. Lange sagte man, die Gassen links der Via San Lorenzo (von der Piazza De Ferrari in Richtung Porto Antico laufend) seien in Ordnung, aber rechts davon, vor allem in Richtung Bahnhof und Piazza Principe, solle man sich vorsehen.

Fans von Schauergeschichten wird gefallen, dass einer der bekanntesten Serienmörder Italiens, Donato Bilancia (1951–2020, im Gefängnis an Covid-19 verstorben), das »Monster von Ligurien« genannt, seine ersten Morde in Genuas *vicoli* beging. Er war eine Gassen-Figur wie aus dem Klischeekatalog geschnitten: ein spielsüchtiger Dieb, der eines Tages einen Freund ermordete, an den er beim Spiel viel Geld verloren hatte, und zwar angeblich unweit der Piazza Cavour. Wer an Gespenster glaubt, könnte in der Via Luccoli das Glück haben, einem zu begegnen: Nach einer Legende befand sich dort in der Antike ein Wald, wo heidnischen Göttern auch Menschenopfer gebracht wurden. Unter diesen Opfern soll sich ein Kind befunden haben, bekannt als *il bambino di Via Luccoli*. Die Genueser erzählen sich bis dato, dass dessen lächelnder Geist all jenen erscheint, die traurig oder schlecht gelaunt durch die Via Luccoli laufen – vielleicht, um ihnen ein wenig Mut zu machen? Schleicht dagegen ein eher mürrisch wirkendes Gespenst in Soldatenkleidung an einem vorbei, handelt es sich um einen 1943 in den Gassen ermordeten deutschen Soldaten. Der hatte sich nämlich trotz der Warnungen seiner Kumpels ins düsterste Gassengewirr vorgewagt, um seine Gelüste bei einer Prostituierten zu stillen. Er verirrte sich dummerweise und lief irgendwelchen üblen Gestalten in die Arme, die ihn kurzerhand um die Ecke brachten.

Mittlerweile haben sich die *vicoli* in eine gezähmte Version ihrer Legenden verwandelt. Selbst wenn man am helllichten Tag in die Via della Maddalena spaziert und sich kurz über die vielen leicht bekleideten Damen wundert, die aufreizend vor Hauseingängen lümmeln – bald scheinen einem auch diese so sehr ein Teil des Gassenbildes zu sein wie die unzähligen Geschäfte mit arabischen Gewürzen und Spezialitäten, Handwerkskunst aus Schwarzafrika oder Klamotten aus China, die sich an genuesische *Focaccia*-Bäckereien oder Spezialitätengeschäfte mit *pesto* und hausgemachter *pasta* schmiegen.

Hat man sich mit den *vicoli* angefreundet, überwiegt der Duft nach frisch Gebackenem und Gekochtem und die von Fenster zu Fenster ausgefochtenen Kämpfe zwischen Nachbarn werden ebenso zu Musik wie die in Höchstlautstärke geführten Gespräche vieler Immigranten und das Knallen der Rollläden in den frühen Morgen- und späten Abendstunden. Und längst nicht alle *vicoli* werden mit Mord und Totschlag assoziiert – es gibt durchaus auch welche, die mit herzerwärmenden und romantischen Legenden verbunden sind, allen voran die Piazza dell'Amor Perfetto, der Platz der perfekten Liebe. Der winzige Platz ist so gut versteckt zwischen Via degli Orefici und Vico delle Vigne, dass man schon ganz genau hinschauen muss, um ihn zu finden. Pärchen schießen gerne ein Selfie mit dem Straßenschild, doch die Geschichte dahinter kennen meist nur echte Genueser: Um 1500 soll der französische Herrscher Louis XII Genua besucht und dabei die genuesische Edeldame Tommasina Spinola kennengelernt haben. Es war Liebe auf den ersten Blick, doch die Schöne war bereits mit dem Angehörigen eines genuesischen Adelshauses verheiratet. Dennoch entwickelte sich zwischen beiden eine die Jahre überdauernde, tugendhafte und platonische Liebe.

Tommasina konnte es kaum erwarten, Louis bei seinem nächsten Genuabesuch wiederzusehen, doch da erreichte sie die Nachricht seines Ablebens in einer Schlacht. Als sich herausstellte, dass diese falsch war und Louis lebte, war es bereits zu spät: Tommasinas Herz war in so viele Stücke zerbrochen, dass die Trauer sie verzehrte und sie wenige Wochen später starb. Louis, der schließlich nach Genua zurückkehrte und vom Tod der Geliebten erfuhr, erwies ihr die letzte Ehre, indem er sich zu ihrem *palazzo* an der heutigen Piazza dell'Amor Perfetto begab. Und er äußerte die Worte, die in die Geschichte Genuas und seiner Gassen eingingen: »*Sarebbe potuto essere un amore perfetto*«. Es hätte die perfekte Liebe sein können.

Grünes Glück aus Genua

Pesto genovese ist Genuas ganzer Stolz – doch er kommt nicht auf alle Nudeln

Fragt man einen Ligurer, was man zur Zubereitung des *pesto genovese* genau braucht, wird man hören: »Ganz einfach – eine Knoblauchzehe, Basilikum, sardinischen Käse, feines Öl und einen guten Mörser, in dem man alles am Ende vermischt!«

Aber wie sieht es mit den Mengen aus? »Guter Gott, regulier die einfach selbst! Möge dir die Vorsehung dabei zur Seite stehen!«

Probiert man in ligurischen Restaurants einen *primo piatto* – ersten Gang – aus *trofie* (eine ligurische *pasta* aus Hartweizengrieß, die aussieht wie winzige, an den Enden spitz zulaufende Würmchen) oder *gnocchi al pesto*, die absoluten Klassiker, lassen sich jedes Mal feine Unterschiede erkennen. Der eine Koch gibt mehr Öl in den *pesto*, der nächste weniger, manchmal ist der Knoblauch deutlich herauszuschmecken, dann wieder ist der *pesto* knoblauchfrei. Wobei das italienische Verb *pestare* in etwa »zertreten« oder »zermanschen« bedeutet, was die Essenz des *pesto* beschreibt: Letzten Endes handelt es sich um eine zerstampfte Masse.

Dabei ist die *Pesto*-Erfindung angeblich noch gar nicht so alt: Als geborene Seefahrer, Eroberer und Herrscher brachten die Genueser über mehrere Jahrhunderte immer neue Gewürze und Rezepte des Mittelmeerraums mit nach Hause. Für die *Pesto*-Rezeptur sollen die Ligurer jedoch bis zur zweiten Hälfte des 19. Jahrhunderts gebraucht haben: Da erwähnte den *pesto* nämlich erstmals der damals namhafte Gastronom Giovanni Battista Ratto in seinem Werk »La Cuciniera genovese« (Die genuesische Köchin), und zwar als Sauce für *lasagne* oder *gnocchi* beziehungsweise *trofie*. Überhaupt galt die Region Ligurien schon seit dem Mittelalter als »Wiege der Kräutermischungen«. Die reicheren Bevölkerungsschichten zierten ihre Bankette mit ausgewählten Gewürzen aus den verschiedensten Ländern und die ärmeren Menschen nutzten lokale Gewürze, um ihren eher faden Gemüsesuppen etwas Geschmack zu verleihen.

Die Legende besagt allerdings, es seien gar nicht die Seefahrer, sondern ein Pater des Konvents San Basilio oberhalb von Genua-Prà gewesen, dem der *pesto* zu verdanken ist. Der soll nämlich in den dortigen Hügeln Kräuter gesammelt und diese als »basilium« bezeichnet haben – zu Ehren des Heiligen Basilio. Diese habe er dann mit einigen wenigen Zutaten, die ihm die Gläubigen brachten, vermischt und so die erste Art von *pesto* geschaffen, der nach und nach verfeinert wurde. Der Wahrheitsgehalt dieser Geschichte sei dahingestellt, doch als wahrscheinlich gilt, dass der *pesto* in früheren Zeiten sehr viel mehr Knoblauch enthielt. Nicht um mit dem eigenen Atem Vampire vertreiben zu können, sondern aufgrund des arabisch-persischen Einflusses, der die genuesischen Saucen zwischen dem Mittelalter und dem 18. Jahrhundert prägte, und wegen eines besonderen Bedürfnisses der Seefahrer: Auf See galt Knoblauch nämlich während langer Überfahrten als wahres Wundermittel. Er sollte nicht nur Bakterien aus fauligem Wasser bekämpfen, sondern war unter anderem auch ein wertvoller Vitamin-C-Lieferant.

Ein Genueser, der sich den *pesto* seit 2011 zum Lebensmittelpunkt macht und damit in die Welt gezogen ist, heißt Claudio Masala, der »Travel Cook« – Reisekoch, wie er seine Berufung selbst nennt. Um den *pesto* zu beschreiben, braucht er nicht mehr als drei Worte: »Frische, Intensität und Sonne.« Ganz besonders verbindet er damit den intensiven Duft nach Basilikum, der entsteht, wenn man das Gewürz im Mörser zerstampft. »Mich hat schon immer alles fasziniert, womit ich meine Kreativität zum Ausdruck bringen kann«, erzählt Masala. »Mit ungefähr Anfang zwanzig habe ich dann gespürt, dass die Küche ein guter Ort ist, um dieser Kreativität freien Lauf zu lassen.« Das Kochen sei daher schon seit Langem seine Leidenschaft, die ihm aber zunächst vor allem gedient habe, um Freunde bei geselligen Treffen zu bewirten. Der Genueser arbeitete jahrelang in verschiedenen sozialen und später kaufmännischen Bereichen, bis im Alter von etwa vierzig Jahren sein Wunsch nach einer Veränderung immer stärker wurde. »Ich wollte etwas machen, das eher meiner dynamischen Persönlichkeit entspricht und neue Anreize setzt. Und so entschied ich, eine neue Arbeit außerhalb Italiens zu beginnen.« Der Gedanke, dass der *pesto* darin eine große Rolle spielen könnte, entwickelte sich eher zufällig bei einer Urlaubsreise mit Freunden nach Barcelona im Jahr 2011: »Wir nahmen über Couchsurfing mit einem Koch-Club Kontakt auf, um Leute beim gemeinsamen Kochen kennenzulernen. Ich habe also vorgeschlagen, dass wir zusammen genuesischen *pesto* kochen.« Jemand habe seine Küche zur Verfügung gestellt und Masala selbst für etwa zehn Personen zum allerersten Mal das sogenannte »Pesto Cooking« veranstaltet.

»Das war eine einmalige Erfahrung. Wir haben den ganzen Tag zusammen verbracht, Rezepte ausgetauscht und neue Freundschaften geschlossen. Und ein paar dieser neuen Freunde haben mich auf die Idee gebracht, *pesto* als echtes Event an öffentlichen Orten zuzubereiten – was ich ›Pesto Cooking‹ taufte.« Und so habe er die erste »Pesto-Party« in einem Hostal (einer spanischen Unterkunft zwischen Jugendherberge und Bed & Breakfast) abgehalten. »Die Veranstaltung sollte spontan, einfach, mitreißend und unterhaltsam sein, etwas für die Sinne, mit Verkostung am Ende. Das heißt, ich zelebrierte die *Pesto*-Zubereitung ganz authentisch wie in alten Zeiten.« Zur passenden Musik veranschaulichte Masala vor den anwesenden Spaniern und Angehörigen anderer Nationalitäten, wie man *pesto* Schritt für Schritt mit dem Mörser herstellt. »Das Event war ein großer Erfolg, und am Ende hat mich sogar ein lokaler Radiosender zu dieser außergewöhnlichen Idee interviewt!«

Erst nach seiner Rückkehr nach Genua belegte Masala einen professionellen Kochkurs, um sich über den kreativen Anteil hinaus in der Kunst des Kochens fortzubilden. Daraufhin suchte er weitere Lokale für Events nach dem Vorbild der ersten *Pesto*-Party und wurde meist mit offenen Armen empfangen. »Und so habe ich mich endgültig als Reisekoch und mit dem »Pesto Cooking« selbstständig gemacht und mich 2013 in Barcelona niedergelassen. Mittlerweile arbeite ich als Profikoch für verschiedene Restaurants und organisiere auch private Events.« Auch wenn seine Speisekarte mittlerweile umfangreicher geworden ist, ist er einem stets treu geblieben: dem *pesto* seiner Heimatstadt Genua, der für ihn den Beginn eines neuen Lebenskapitels bedeutete.

Im Gegensatz zu vielen Genuesen und Ligurern ist Masala sogar bereit, mit seinen wissenshungrigen Kochschülern Mengenangaben für die *Pesto*-Zubereitung zu teilen: »Ich nutze das Original *Pesto*-Rezept oder zumindest das, was ein Kochlehrer im Kurs als solches bezeichnete.« Dies umfasst:

50 g Basilikum-Blättchen (wenn in Genua gekauft, am besten aus Prà)
100 ml natives Olivenöl
70 g Parmesan *(parmigiano reggiano)*
30 g Schafskäse *(pecorino romano)*
1 Zehe Knoblauch
15 g Pinienkerne
5 g grobes Salz

Die Zutaten sollten in folgender Reihenfolge im Mörser zerstampft werden: zuerst Salz und Knoblauch, dann das Basilikum und die Pinienkerne, gefolgt von beiden (schon vorab geriebenen) Käsesorten, und erst ganz am Schluss kommt das Olivenöl hinzu.

Masala selbst gibt seinen *pesto* nicht nur auf *Pasta*-Gerichte, sondern am liebsten in Gemüsesuppen, aber auch als Snack auf *crostini*. Als *pasta* empfiehlt er neben *trofie* und *gnocchi* insbesondere *trenette*, da alle drei eine raue und unebene Oberfläche haben, an der der *pesto* gut haften bleibt. »Manchmal nutze ich auch weitere *Pasta*-Varianten wie *tortiglioni*, *farfalle* oder andere, aber ich bin im Gegensatz zu vielen anderen kein Purist und würde nur von allzu kleinen Formaten abraten, wie von spezieller *pasta* für Suppen.« Das alles sei jedoch zweitrangig nach dem optimal zubereiteten *pesto*. Besonders schlecht schmecke der nämlich, wenn man die Originalzutaten zu sehr abwandle oder womöglich Sahne hinzugebe. Und in einer Sache ist sich Masala sicher: Das einzig wahre grüne Glück gibt es außer bei ihm in Barcelona ohnehin nur in Ligurien, unter anderem außergewöhnlich lecker beim Agririfugio Molini bei Portofino, wo er selbst kürzlich *pesto* schlemmte.

Auf die Frage, ob auch ein Nicht-Genueser oder -Ligurer es schaffen könnte, den perfekten *pesto* daheim zuzubereiten, lacht der leidenschaftliche Koch: »Natürlich! Ganz wichtig sind nur frische Zutaten von guter Qualität. Und vergessen Sie nicht die Hauptzutaten: *passione e amore!*«

Und was, wenn man in seiner *pesto*-Begeisterung zu viel davon aus Ligurien mitgebracht oder selbst mit einem Überschuss an *passione* und *amore* einige Katastrophenrationen zubereitet hat? Dann schwören die Ligurer darauf, dass man *Pesto* problemlos einfrieren kann. Nach eigener Erfahrung haben sie recht. Und die Rezeptideen enden nicht etwa bei *trofie* beziehungsweise *gnocchi al pesto* oder bei vegetarischen *farfalle* mit *pesto* und *ricotta*. Köstlich schmeckt *pesto* auch zur Ofenkartoffel, oder man gibt ihn als Sauce auf Kartoffelbrei oder gegrilltes Fleisch. Wer ganz experimentierfreudig ist, verteilt *pesto* einfach mal wie Schmierkäse oder Streichwurst auf einem Brötchen, als Grundlage für ein leckeres *panino*. Dazu tut man etwas Putenbrust und Tomaten und der Snack für unterwegs besteht mal nicht aus dem üblichen Käse- oder Schinkenbrötchen!

Außerdem verleiht *pesto* Suppen im Allgemeinen und Gemüsesuppen im Besonderen mehr Geschmack, wie schon die sozial schwächeren Ligurer in vergangenen Jahrhunderten begriffen. Als echter Geheimtipp gilt dagegen die sogenannte *Pesto*-Mayonnaise, wozu man einen Teelöffel *pesto* zu etwas Mayonnaise mischt und damit den Salat mariniert. *Pesto* zum Eieromelette oder in Form einer Quiche ist ebenso beliebt wie bei manch einem *Pesto-Pizza*, bei der *pesto* anstelle von Tomatenmark als Grundlage auf den *Pizza*-Boden kommt. Und wer noch immer einiges von dem grünen Glück übrig hat und wem langsam die Ideen ausgehen, was er damit anstellen soll, könnte sich an mit *pesto* gefüllten Cocktailtomaten probieren, die die Italiener gern als Vorspeise servieren – die aber auch eine leckere Beilage zu Fleisch oder Fisch abgeben. Na dann mal: *Buon appetito!*

Ardesia – wenn Steine zum Leben erwachen

Der ligurische Stein dient Künstlern als Grundlage für regionales Kunsthandwerk und Sonnenhungrigen als Strandtuchunterlage

Er hat den vielleicht schönsten Arbeitsplatz der Welt. Im grauen Unterhemd sitzt er über einen kleinen Holztisch gebeugt, vor seinem aus den Felsen hervorlugenden Laden mit den großen Schaufenstern. Die Sonne wärmt seinen Rücken, der Wind trägt den Geruch nach frischer Farbe hinaus aufs Meer, fort von der zwei Kilometer langen Passeggiata Anita Garibaldi in Genua-Nervi, wo es immer drei Grad wärmer als andernorts in Genua sein soll. Dort, wo die ligurische Hauptstadt im Osten ausläuft, erinnert nichts an das Gewusel in den Gassen der Innenstadt, die nur wenige Sonnenstrahlen erreichen. Die Küstenpromenade von Nervi, zehn bis zwanzig Meter über dem Meer, badet in Licht, bis auf wenige Flecken, wo Palmen oder Kiefern Schatten spenden. Rechts klettern grauschwarze Felsen teils stufenförmig zu den Wellen hinab und lassen das klare, tiefblaue Wasser an sich abprallen. Schon im Frühling kuscheln die ersten Sonnenhungrigen auf den teils vom Meer abgeschliffenen dunklen Felsplateaus aneinander, und wer ein echter Seebär ist oder dicke Haut hat, stürzt sich in die Gischt.

Künstler Giorgio in seinem grauen Unterhemd arbeitet nicht an seiner *abbronzatura*, der Sonnenbräune, die bei den Ligurern in Sachen Schönheit genauso hoch im Kurs steht wie bei allen anderen Italienern auch. Er nutzt das Morgenlicht, um mit einem hauchdünnen Pinsel auf einer schwarzen Platte die Wölbungen der Halbinsel von Portofino nachzuzeichnen, die sich im Südosten erhebt. »Mein Leben lang arbeite ich schon mit der Natur, von der wir so reichlich haben«, erklärt der Dreiundsiebzigjährige und deutet auf den dunklen Stein vor sich. »Als Grundlage für meine Bilder nutze ich Ardesia, den Schiefer von unseren Felsen – von den Felsen da drüben, wo die Leute gerade auf ihren Handtüchern liegen! Er ist praktisch unzerstörbar, schauen Sie!« Er hebt sein Werk an und lässt es auf den Tisch knallen. Tatsächlich: Die Platte bleibt intakt vor ihm liegen, nicht ein Splitter hat sich gelöst. »Das ist die Qualität der Natur! Auch meine Farben sind Naturfarben. Ich suche mir die Materialien selbst zusammen, um die Farben herzustellen.«

Der Erste, der sich den ligurischen Schiefer zunutze macht, ist Giorgio bei Weitem nicht. Die ältesten Dokumente über Ardesia beschreiben das Jahr 1176, als sich Arbeiter des Valle del Recco weiter östlich an der ligurischen Küste auf die Suche nach einer Dachabdeckung für die spätere Cattedrale di Santa Maria Assunta von Savona machten. Als besonders geeignet schien der Schiefer des Monte Tugio im Landesinneren, dessen Abhang in Richtung Fontanabuona viele verwilderte Gruben aufwies.

Dass der Begriff »Ardesia« vom französischen »ardoise« (Schiefer oder Schieferstein) abstammt, der auf Schieferfunde in der französischen Ardennenregion zurückgeht, weiß Giorgio nicht, wohl aber, dass sich das Material nicht nur wunderbar als Bildhintergrund eignet. Auch Schultafeln bestanden bis zum Aufkommen der Kunststoffe auf der ganzen Welt aus Schiefer, ebenso wie der Untergrund von Billardtischen, der einiges auszuhalten habe und sich nicht verformen dürfe. Das italienische Wort für Tafel, *lavagna*, bezieht sich folgerichtig auf die ligurische Ortschaft Lavagna, kurz hinter dem beliebten Küstenressort Chiavari, wo ab dem 15. Jahrhundert Schieferabbau stattfand.

Bis heute lassen sich Überbleibsel dieser jahrhundertealten Industrie rund um Fontanabuona und Chiavari finden – aber auch in den Ardesia-Museen im ligurischen Hinterland, darunter das Museo della Cava im Dorf Orero und das Museo dell'Ardesia im benachbarten Cicagna. Und wen es schon nach Cicagna verschlägt, der sollte auf jeden Fall bei einem der angeblich nur noch dreizehn in Ligurien existenten Schiefer-Unternehmen mit eigenem Bruch vorbeischauen, das ganz bestimmt in keinem Reiseführer angepriesen wird: Ardesia Mangini in Cicagna ist ein Familienbetrieb in mittlerweile dritter Generation, in der Hand von Angela Mangini und ihrer Schwester Donatella. Selbst wer sich bis zu diesem Moment noch nie für Steine interessiert hat und keine besonderen Erwartungen hat, bekommt bei Angela Mangini ein Geschenk: das perfekte Beispiel eines Menschen, der seine

Leidenschaft zum Beruf gemacht hat, selbst Stein zum Leben erweckt und den Besuch einer düsteren Ardesia-Grube zum Highlight eines Ligurien-Aufenthalts werden lässt. Vor allem aber wird Angela Mangini selbst Steinbanausen mit dem Gefühl nach Hause schicken, eine Grube voller Inspirationen für das eigene Leben aus Cicagna mitzunehmen.

Die Ardesia-Unternehmerin ist einer der raren Menschen, deren Gesicht strahlt wie die ligurische Sonne im August, wenn sie von ihrer Arbeit erzählt. »Mein Vater war gerade mal vierzehn Jahre alt, als er von meinem Opa das altertümliche Handwerk des Grubenarbeiters erlernte«, beginnt sie die Geschichte der Familientradition. »Sie standen bei Sonnenaufgang auf und bahnten sich durch den Wald ihren Weg zur Grube. Es gab keine Wahl, dies war ihr seit Langem vorgezeichnetes Schicksal, und das war in Ordnung. Es ging um Leidenschaft, Demut, Würde, Arbeitsmoral und Verantwortung.« Werte, die beide Schwestern aufrechterhalten, obwohl der Vater sie nie dazu angehalten habe, das Geschäft in seinem Namen fortzuführen. Beide schlugen zunächst andere Wege ein, begriffen dann aber, dass ihnen das Ardesia-Geschäft im Blut steckte, und übernahmen dieses vollständig.

Ardesia-Gruben gibt es laut Angela Mangini nur in Ligurien, die Gruben der Firma Mangini befinden sich in Val Fontanabuona. Laut petrografischen Untersuchungen ist die Qualität dort die beste – wegen der Härte des Steins und seiner Robustheit. Ergibt sich die Möglichkeit, mit Angela Mangini oder einem ihrer Grubenarbeiter einen

Einblick vor Ort zu erhaschen, lohnt es sich, dafür einen halben Strandtag zu opfern, denn offizielle Führungen für Besucher werden nicht angeboten und die Zeit der glücklichen Chefin und ihres Teams ist knapp. Einen Tipp hat Mangini allerdings für jeden auf Lager: »Hier in der Nähe gibt es die Cava Ardè, eine Grube aus dem Jahr 1800 mit Werkstätte, die zu einem Museum und Veranstaltungsort umgestaltet wurde. Die dafür verantwortliche Dame hat sich in diese Grube verliebt, wo sich an den Wänden noch Spuren manueller Grubenarbeit mit Spitzhacke ablesen lassen.« Man habe das Fundstück mit viel Liebe restauriert, um dort heute einmalige Klassik- oder Opernkonzerte, aber auch Tango-Abende zu feiern oder um ein unvergessliches Abendessen anzubieten.

»Ardesia ist ein wunderbarer Schiefer mit unheimlich vielen Nuancen an Grautönen, der aufgrund seiner Struktur in der Welt einzigartig ist und sich ganz fein spalten lässt, bis auf drei Millimeter«, schwärmt Mangini. »Wie eine Schneiderin mit ihrem Stoff habe ich versucht, Innovatives aus diesem Material zu entwerfen. Ich habe den Stein zum Beispiel in eine Art bedrucktes Leder verwandelt, sodass er aussieht wie Krokodilhaut, um daraus außergewöhnliche Tische und Verblendungen herzustellen. Damit bin ich sogar auf internationale Messen bis nach Dubai geflogen, um weltweit auf Ardesia aufmerksam zu machen.« Ihre Familie sei es gewohnt, dem Stein mit Leidenschaft zu begegnen, denn wenn man das, was man tue, liebe, verwandle es sich automatisch in pure Energie und

Tatendrang und man fühle sich stets erfüllt. Und so kommt es, dass auch Anfragen aus Paris, London und Miami das Dorf im ligurischen Hinterland erreichen – zum Beispiel dann, wenn Luxusmarken wie Yves Saint Laurent, Max Mara oder Dolce & Gabbana einen neuen Schreibtisch für einen Laden brauchen.

Sollte gerade keiner dieser Sonderaufträge anstehen, produzieren Ardesia-Unternehmen wie Mangini hauptsächlich Dachpfannen, Pflastersteine, Treppen, Kamine, Mauerüberzüge und unzählige weitere Produkte, die sich über ganz Ligurien verteilt finden. »Ardesia ist seit jeher die Seele Liguriens. Mit seinem einzigartigen und authentischen grauen Farbton bestimmt der Stein die Dachfarbe unserer Altstädte und von Dörfern, die zum UNESCO-Welterbe gehören. Aber er sorgt auch für die dunklen, glänzenden Fußböden von genuesischen Adelspalästen«, so Mangini. »Das Beste habe ich aber noch gar nicht erwähnt: Diese Farbe kommt nie aus der Mode!«

Und wie erkennt man nun bei der Reise durch Ligurien, ob beispielsweise ein Dach tatsächlich aus Ardesia besteht? Laut Mangini entfaltet die Farbe mit der Zeit einen wunderschönen, glänzenden Grauton, während aus dem Ausland importiertes Billigmaterial einfach schwarz bleibt. »Wir haben sogar bei einem Fall aus einem Dorf der Cinque Terre eine Strafanzeige gestellt, wo ein Dach mit aus Brasilien importiertem Schiefer gedeckt wurde. Es sah vollkommen anders aus als alle anderen und war ein echter Störfaktor!« Genaues Hinschauen und die Aufmerksamkeit fürs Detail zahlen sich also aus, und nach dieser Ardesia-Lektion ist kein Besuch eines ligurischen Dorfes wie zuvor. Leicht fällt nun glänzend graue Ardesia auf den abgeschrägten Dächern von Häusern oder Kirchtürmen ins Auge – wobei der Schiefer meist schuppenförmig angelegt ist und sich die Platten jeweils ein wenig überlappen, um die Bewohner besser vor Sonne oder Regen zu schützen. Und auch Innenarchitekten machen sich die Resistenz des schwarzen Steins und sein von vielen als schick betrachtetes Aussehen mittlerweile zu Nutzen und statten ligurische Häuser mit Ardesia-Böden und Wandverkleidungen aus. Denn wenn der ligurische Schiefer sogar herrlichen Renaissance-Portalen zur *bella figura* verhalf, dann geht das mit dem modernen Eigenheim erst recht!

Wer sich ein solides Stück Ligurien mit nach Hause nehmen möchte oder ein originelles Souvenir für die Lieben daheim sucht, wird unter anderem gleich in den Ardesia-Boutiquen in Cicagna fündig: schwarzes Geschirr, Schneidebretter aus Schiefer für die Küche, Aschenbecher, Wanduhren, Bilderrahmen oder Lampen – die Ligurer kennen keine Grenzen, wenn es um eine fantasievolle Gestaltung des dunklen Steins geht. Maler Giorgios Schaufenster zieren dagegen quadratische oder rechteckige Ölbilder, teils wenig größer als Postkarten, teils so großflächig, dass sie eine ganze Wohnzimmerwand bedecken könnten. Wer die ligurische Küste in- und auswendig kennt, erkennt auch viele der Motive: Nervi selbst, Boccadasse – einen genuesischen Stadtteil am Meer, der einem Fischerdorf ähnelt – sowie Camogli mit seinen hohen, bunten Häusern. »Wenn Sie wissen wollen, wo's in Ligurien am schönsten ist, müssen Sie sich nur meine Bilder ansehen, ein Reiseführer sagt Ihnen das nicht«, lacht Giorgio. Dabei platziert er ein kürzlich fertiggestelltes Werk in verschiedenen Grün-, Blau- und sanften Naturtönen vor sich: die Aussicht von der Passeggiata Anita Garibaldi. Der tägliche Blick von seinem Arbeitsplatz. Dem seiner Ansicht nach schönsten Arbeitsplatz der Welt.

Kein Tag ohne Focaccia

Nicht nur der beliebteste Strandsnack: Das ligurische Fladenbrot bestimmt den Duft der Gassen

Fragt mich jemand, wie Ligurien klingt, antworte ich stets »nach Wellen, die über Kieselsteine rollen«. Und werde ich gefragt, wie Ligurien riecht, dann denke ich spontan an einen Duft, der selbst über den düstersten Gassen Genuas hängt, ab den frühen Morgenstunden sämtliche andere Stadtgerüche überlagert und einen bis in die winzigsten Dörfer an der ligurischen Küste und im Hinterland begleitet: der Duft nach *focaccia*. Der ein bisschen an frisch gebackene *pizza* denken lässt, aber auch nur ein ganz klein wenig – im Beisein eines Ligurers sollte man solche Vergleiche unbedingt unterlassen!

Auch die Beschreibung der *focaccia* als ligurisches Fladenbrot würde in Ligurien fraglos zu manch gerunzelter Stirn führen, aber als solches ist die Spezialität über die Grenzen Italiens hinaus im Allgemeinen bekannt. In vielen anderen Ländern gibt es Street Food an der Pommesbude oder beim Döner-Imbiss, in Ligurien gibt es spezielle *focaccerie* und viele Bäckereien, die natürlich auch *focaccia* backen. Dabei sind die Variationen so vielfältig wie das Wurstsortiment in den deutschsprachigen Ländern. Es gibt die *focaccia semplice* – einfach, ohne

Belag –, *focaccia* mit Tomaten, mit Zwiebeln, Oliven und anderen Gemüse-Toppings, mit Sardellen und allen voran die weithin beliebte *focaccia al formaggio*, Käse-*Focaccia*, für die der Küstenort Recco ligurienweit bekannt ist.

Beginnt man seine Erkundungstour Liguriens in der Hauptstadt Genua, verführt neben der dort typischen *farinata di ceci* (Pfannkuchen aus Kichererbsenmehl) die *focaccia genovese* die Geschmacksnerven, im regionalen Dialekt auch als *fügassa* bekannt, was so viel bedeutet wie »an der Feuerstelle gebacken«, und im benachbarten Frankreich als *fougasse*.

Essen die Italiener sonst zum Frühstück lieber Süßes wie *biscotti* (Kekse) oder *brioches* (Croissants ohne Füllung oder mit einem Herz aus *crema pasticcera*, von Ausländern oft als Vanillecreme bezeichnet), erwischt man in Genua und ganz Ligurien oft jemanden, der sich zum morgendlichen *cappuccino* ein Stück salzige *fügassa* gönnt. Versteht der *Focaccia*-Meister sein Werk, darf das flache helle Brot ohne alles keinesfalls dicker als zwei Zentimeter sein. Es hat eine leicht knusprige, goldgelb gebackene Oberseite, ist aber im Inneren butterweich. Ein einmaliger Geschmack nach Salz und Olivenöl kitzelt die Geschmacksnerven wach und manch einer behauptet, die morgendliche *focaccia* sei am leckersten, wenn man sie als Erstes in den *cappuccino* stippte.

Wer nun glaubt, mit dem Frühstück wäre der *Focaccia*-Genuss der Ligurer beendet, irrt sich – sogar als Brotbeilage zum Mittagessen servieren manche

Bars und Restaurants *focaccia* (zum Auftupfen von am Ende noch am Teller haftenden *Pasta*-Saucen wie *pesto* oder *sugo di noci*), man kauft sie als Snack für zwischendurch und nimmt sie mit Vorliebe im Sommer mit an den Strand. Denn was gibt es Schöneres, als pünktlich um zwölf Uhr eine prallvolle Tüte mit noch immer lauwarmer *focaccia* aus der Tasche zu ziehen und einen stolzen Blick auf den Strandnachbarn zu werfen, der es selbst laut dem Namen auf seiner *Focaccia*-Verpackung leider nur zur zweit- oder sogar drittbesten *focacceria* der Gegend geschafft hat? Als wäre die *focaccia* am Morgen und zum Mittagessen noch nicht genug, gibt es ein paar Stückchen des heißgeliebten Brotes gleich auch noch zum Aperitif ab achtzehn oder neunzehn Uhr, bei dem der Preis für den Drink ebenfalls ein paar Appetithappen umfasst.

Und was ist nun das Geheimnis einer gelungenen *focaccia?* Nach Ansicht der meisten *Focaccia*-Bäcker sind es schlichtweg zwei Faktoren, die eine *focaccia perfetta* garantieren: hochwertige Zutaten und ausreichend Zeit für den Hefeteig, aufzugehen. Vielen Schriftstücken zufolge schlemmte man in Ligurien schon im 14. Jahrhundert und eventuell sogar im Altertum leckere *focaccia!* Es kursieren bis heute Geschichten darüber, dass eine Art von *focaccia* im 15. und 16. Jahrhundert bei Hochzeiten in der Kirche gegessen wurde, zu einem guten Glas Wein. Dies soll mit der Zeit so ausgeufert sein, dass Gläubige und auch Mönche während der Gottesdienste munter *focaccia* mampften, bis sie von höheren Geistlichen abgemahnt wurden. Weiß man, welch großen Stellenwert Gaumenfreuden nicht nur in Ligurien, sondern in ganz Italien einnehmen und wahrscheinlich schon vor Jahrhunderten eingenommen haben, kann man sich solche Kirchengelage ohne größere Mühe vorstellen. Und ist sicher auch nicht überrascht zu hören, dass der große Genueser Liedermacher Costanzo Carbone der *focaccia* ein eigenes Lied widmete, beginnend mit den beschwörenden Worten »*Fugassa, fugassa* ...«. Oder dass sich im Sommer 2008 in Borzonasca, einem kleinen Dorf im genuesischen Hinterland, drei Bäcker zusammentaten, um den Rekord der längsten jemals gebackenen *focaccia* aufzustellen: Das gute Brot erreichte stolze achthundertsieben Meter und bestand neben dreihundert Kilo Mehl auch aus hundertfünfzig Litern Wasser!

Was ist, wenn man eine *fügassa* daheim nachbacken möchte, ist das Rezept geheim? Zum Glück nicht, und viele Genueser oder Ligurer werden sich damit rühmen, dass in ihrer Familie natürlich das allerbeste *Focaccia*-Rezept schon seit der Generation der Ururoma weitergereicht wird. Egal wen man fragt, in einem sind sich fast alle einig: Die Grundzutaten sind Bierhefe, die oft mit Gerstenmalz ergänzt wird, Wasser, Weizenmehl, Olivenöl und Salz. Ist der Teig fertig (und hat man mit einem Finger regelmäßige Vertiefungen hineingedrückt) und natürlich nicht über zwei Zentimeter hoch, schwören viele Einheimische darauf, ihn erst einmal mit einer Mischung aus Wasser und nativem Olivenöl zu befeuchten, damit er im Nachhinein schön glänzt und duftet. Über das Ganze verteilt der Kenner noch ein paar große Salzkörner. Das Geheimnis des weichen Inneren liegt hingegen im gekonnten Umgang dem zusätzlichen Gerstenmalz im Hefeteig, das im Notfall auch durch einen Teelöffel Honig oder Zucker ersetzt werden kann, damit der Teig bestmöglich aufgeht. Für alle, die sich selbst an der *focaccia* probiert und eher eine schwammige Masse als ein knuspriges, goldglänzendes Fladenbrot auf dem Blech hatten: Selbst die meisten Ligurer scheitern beim Versuch, sich zu Hause eine perfekte *focaccia* zu backen, an einem bedeutenden Detail: Der heimische Ofen ist für ein optimales Backergebnis in der Regel nicht heiß genug!

Einer, der sich um heiße Öfen keine Gedanken zu machen braucht, weil er schon zwischen mehreren davon groß wurde, ist Lorenzo Moltedo, Jahrgang 1980, der gemeinsam mit seinen Eltern und seiner Schwester eine der beliebtesten Bäckereien des Küstenortes Recco führt – das Panificio Moltedo, 1874 vom Ururgroßvater Moltedo gegründet. Dort gibt es nicht nur *focaccia genovese* und andere Varianten, sondern vor allem auch die anfangs erwähnte Recco-Spezialität schlechthin: *focaccia al formaggio* aus dünnem Teig und einer Füllung aus zerlaufenem Käse. »Im Grunde bin ich im Geschäft geboren, denn meine Mutter stillte mich hier und später habe ich nach der Schule immer im Laden ausgeholfen«, berichtet Moltedo mit glänzenden Augen. Anders als die übliche *focaccia* besteht *focaccia al formaggio* aus Manitobamehl, *stracchino* (ein Weichkäse aus Norditalien) und dann ebenfalls wie die *focaccia semplice* aus nativem Olivenöl, Salz und Wasser. »Wir machen die Käse-*Focaccia* noch immer wie zu Zeiten meines Urururgroßvaters«, rühmt sich Moltedo: »Aus zwei hauchdünnen Streifen Blätterteig, gefüllt mit *stracchino* und direkt auf dem Blech gebacken, ohne Backform.«

Laut Moltedo wurde diese Art der *focaccia* mit ihrer Abwandlung des heute klassischen Hefeteigs bereits zur Zeit der Sarazenen erfunden – ein Volksstamm aus dem Nordwesten der arabischen Halbinsel, der unter anderem Ligurien bis ins 15. Jahrhundert immer wieder überfiel. »Recco wurde als Küstenstadt ständig angegriffen und die Menschen mussten ins Hinterland fliehen. Dort hatten sie nicht viel zu essen, aber es gab Korn, aus dem sie Mehl machen konnten, und Kühe, sodass sie Milch und Käse herstellten.« Dies sei die Geburtsstunde der *focaccia al formaggio* gewesen. Viel später, nach dem Zweiten Weltkrieg, und mit wachsender Wirtschaft sowie großen Erfolgen des Wasserballteams von Recco, sei die Stadt schließlich zur gastronomischen Hauptstadt Liguriens aufgestiegen – mit Käse-*Focaccia* als unbestrittener Königin unter den Leckereien.

Für alle, denen nun das Wasser im Munde zusammenläuft und die gerne mal bei der größten *Focaccia*-Party Liguriens dabei wären, die beste Nachricht: Jedes Jahr am vierten Sonntag im Mai steigt in Recco das *Focaccia*-Fest, das an die dreißig- bis vierzigtausend Menschen in den kleinen Küstenort lockt. »Hinter diesem Festival steckt ein Jahr Arbeit der gesamten Stadt«, weiß Moltedo. Denn an diesem Sonntag stünden sämtliche Bäckereien und *focaccerie* dem Publikum offen und man dürfe gratis so viel *focaccia* schlemmen, bis man platze. »Morgens gibt es *focaccia genovese* mit oder ohne Zwiebeln und am Nachmittag die berühmte *focaccia di Recco*.« Das heißt: unbedingt zuschlagen, auch wenn die Warteschlangen bis in die Nachbardörfer reichen! Ein solches Angebot machen die Ligurer, denen nicht ganz ohne Grund das Klischee anhaftet, sehr knauserig zu sein, nämlich ganz bestimmt nur einmal im Jahr!

Optische Täuschung

Das Mysterium der aufgemalten Fassaden

Ligurien steht nicht nur für das Gassengewusel Genuas, für *pesto*, *focaccia* und Ardesia. Nein, es weist auch eine ganz besondere Art von Architektur auf, die man im restlichen Italien vergebens suchen wird. Nehmen wir als Beispiel ein Gebäude, das in harmonischen Rostrot- und Gelbtönen erstrahlt, nicht an Stuckverzierungen geizt, niedrige Balkonbrüstungen vor den Fenstern im ersten Stock aufweist und eine Vielzahl an Fenstern mit den in Italien so beliebten grünen Fensterläden. Schaut man nicht genauer hin, so beeindruckt das Haus mit einem Reichtum an Verzierungen und architektonischen Details, die jedem *palazzo*, wie größere Häuser im Allgemeinen genannt werden, seine eigene Ästhetik verleihen. Dann die Überraschung beim Näherkommen: Sind Fenster und Fensterläden, Balkone, Stuck und teils sogar Säulen etwa nur aufgemalt? Das kann doch nicht sein! Doch, kann es! Denn die Häuser Genuas und vieler weiterer Orte Liguriens erstaunen mit immer wieder neuen optischen Täuschungen, generell als »aufgemalte Fassaden« bekannt oder als Trompe l'Œil. Aber was hat es damit auf sich und warum findet man diese aufgemalten Fassaden nur in Ligurien?

Die meisten Quellen sind sich einig, dass die

Tradition in der zweiten Hälfte des 15. Jahrhunderts entstand – wahrscheinlich in Genua, wo sich das Aufstreben der kaufmännischen Aristokratie und Eheschließungen innerhalb der ehrwürdigen Familien allmählich auch in der Architektur der Stadt niederschlugen. Zur gleichen Zeit kam Admiral Andrea Doria an die Macht, der Vater der Genuesischen Republik, der Genua zu wahrer Größe verhalf. Bald wurde öffentlicher Raum zusammengelegt und neu verteilt und verfallene Fassaden wurden herausgeputzt. Dabei muss ein schlauer Maler den Geistesblitz gehabt haben, »Kleinigkeiten« wie Fenster und Fensterläden einfach aufzumalen. Ruckzuck war die Idee so beliebt wie *gelato artigianale* an einem heißen Sommertag. Überall dort, wo große genuesische Familien zeitweise residierten, wie in Santa Margherita Ligure, bekamen immer mehr Häuser eine hübsche Fassade aufgemalt. Schließlich konnte man sich die hohen Kosten für Materialien wie Stuck oder Holz sparen, wenn das Endergebnis zum Verwechseln echt aussah.

Eine Legende erzählt hingegen von einer Steuer in der Republik Genua, die man damals für Fenster habe bezahlen müssen. Demnach sollen bis zu fünf Fenster an einem Haus steuerfrei gewesen sein, ab dem sechsten Fenster sei jedoch ein Steuersatz angewandt worden, der sich mit jedem weiteren Fenster erhöhte. Natürlich waren es ausgerechnet die *palazzi* der Reichen und Schönen, die in der Regel recht viele Fenster besaßen. Was also tun? Dieser Geschichte zufolge ließen die Bewohner einige Fenster schleunigst zumauern, um Steuern zu sparen. Damit die Fassaden daraufhin nicht ganz so abstoßend wirkten, wurden Maler bestellt, um die fehlenden Fenster kurzerhand wieder herzustellen – zumindest optisch. Sollte es tatsächlich Geiz gewesen sein, der zu zunehmend mehr optischen Täuschungen in Ligurien führte, hat er in diesem Fall viel Gutes hervorgebracht: Die aufgemalten Fassaden gelten bis heute als wichtiger Teil genuesischer und ligurischer Tradition, der geehrt, geschützt und nach wie vor praktiziert wird.

Steigt einem also beim Ligurienbesuch der Geruch nach frischer Farbe in die Nase, empfiehlt es sich, diesem unbedingt zu folgen – vielleicht hat man Glück und trifft nicht nur auf jemanden, der seine Fensterläden frisch streicht, sondern auf einen der geschätzt nur noch etwa zehn Maler, die sich in Ligurien auf aufgemalte Fassaden spezialisiert haben. Eine dieser Künstlerinnen ist die Dekorateurin Raffaella Stracca, die sich bereits seit 1987 den aufgemalten Fassaden widmet. »Als echte Ligurerin habe ich dieses historische Gewerbe wohl in meiner DNA«, berichtet sie, »und ich konnte mich darin über die Jahre immer weiterentwickeln.« Sie habe an einer Kunsthochschule studiert, und alte bemalte Häuser hätten ihr schon immer gefallen. »Ich erinnere mich, als ich vielleicht vier Jahre alt war und mit meiner *mamma* in Genua Quinto und Nervi spazieren gegangen bin, wo gerade moderne Gebäude entstanden waren. Ich habe sie gefragt: ›*Mamma*, warum bauen die so große und hässliche Häuser? Warum bauen sie keine kleinen und bunten mit Zeichnungen, wie früher?‹« Vielleicht sei bereits damals ihr künstlerischer Geist erwacht, und mit dem Erwachsenwerden habe sie begriffen, dass es ihre Berufung sei, die Fassaden von Wohnhäusern und Villen, egal ob alt oder modern, hübsch zu restaurieren und zu bemalen.

»Dies ist eine Tradition, die leider langsam ausstirbt, denn die Fassadenmaltechnik ist einzigartig in der Welt und nur schwer zu überliefern, weil sie in den Kunstschulen nicht unterrichtet wird.« Und doch ist die Nachfrage nach Künstlerinnen wie Stracca groß, die nicht nur die Originalfassaden historischer Gebäude restaurieren, sondern oftmals auch moderne Privathäuser mit ihren eigenen aufgemalten Kreationen versehen, sei es in der ligurischen Hauptstadt, entlang der Küste oder in Bergdörfern. Alles werde von Hand von einer einzigen Person aufgemalt, von Fenstern zu Fensterläden, von Rollläden zu Sockeln, von Gurtgesims zu Säulen. »Man sagt, dass die Häuser der Küstendörfer absichtlich verschiedene Farben und Zeichnungen bekamen, damit die Fischer und Seeleute sie schon vom Meer aus unterscheiden konnten.« Und tatsächlich – achtet man in jedem Dorf auf die bunten und verschieden gestalteten Fassaden, gleicht tatsächlich keine der anderen, auch wenn sie von ihrer Struktur her nicht ähnlicher sein könnten.

»Für mich hat es eine tiefergehende Bedeutung, Fassaden aufzumalen, die über die rein künstlerische Arbeit hinausgeht«, betont Stracca. »Es geht mir darum, diese Tradition zu retten und der alten Pracht der Häuser, die manchmal vergessen wird, neues Leben einzuhauchen.« Fragt man Stracca, wo man die schönsten aufgemalten Fassaden Liguriens findet, muss sie nicht lange überlegen: »Die allerschönsten Häuser befinden sich im Fischerhafen von Camogli, im sogenannten *porticciolo* von Camogli.« Einige der dortigen Fassaden entstammen Straccas eigenen Pinseln, beispielsweise an der Piazza Cristoforo Colombo Nummer 13, neben der Basilica di Santa Maria Assunta. »Dieses Werk hat sogar *National Geographic* in dem Dokumentarfilm namens ›Eye Trick Town‹ aufgenommen, ich werde darin bei meiner Arbeit interviewt.« Dieselben Szenen seien auch noch in anderen Fernsehausstrahlungen erschienen, darunter im japanischen Fernsehen.

Tatsächlich ist Camogli, einer der beliebtesten Ausflugsorte an der ligurischen Küste, eins der schönsten Dörfer für das Aufgemalte-Fassaden-Spotting. Bereits entlang der postkartentauglichen Strandpromenade streben bunt bemalte, sich aneinander kuschelnde Wohnhäuser in die Höhe. Schaut man genau hin, fällt bald auf, dass einige der schmucken Fenster und deren Läden für immer verschlossen bleiben werden. Oder dass die scheinbaren Stuckverzierungen täuschend echt aussehen und das Auge wie vom Maler vorgesehen nicht nur auf den ersten Blick gelungen trügen. Und wer sich auf die Spur von Raffaella Stracca machen möchte, begegnet ihrem Werk nicht nur an der Piazza Cristoforo Colombo, sondern auch in der Via San Fortunato 1 im kleinen Hafen Camoglis, genau gegenüber der Bootsanlegestelle, wo die Künstlerin ein Gebäude mit Seemotiven aufgehübscht hat. Oder an der Villa Rosmarino in der Via Figari 38 weiter oben in den Hügeln, bekannt als »Villa dei Capitani«, deren liebevoll ausgestaltete Fassaden ebenfalls Straccas Können unter Beweis stellen.

Doch auch in Genua selbst ist die junge Frau aktiv und nahm sich unter anderem der Fassade einer historischen genuesischen Villa im Stadtteil Albaro an – bekannt dafür, nicht gerade die Ärmsten der Stadt zu beheimaten. Dort, in der Via Camilla 1A, soll einst Gabriele D'Annunzio gelebt haben, Schriftsteller und Dichter des 19. Jahrhunderts beziehungsweise des Fin de Siècle und des Symbolismus. Beim genaueren Betrachten der Arbeiten und dem Gedanken an Straccas Worte, dass jeder Strich von Hand gemalt werde, leuchtet ein, warum die Künstlerin in der Regel nicht mehr als zwei oder drei, maximal aber vier Fassaden pro Jahr schafft. »Es hängt immer vom speziellen malerischen Projekt ab, wie lange ich dafür brauche. Von den Dimensionen und davon, ob es sich um eine Villa, ein größeres Gebäude oder ein Wohnhaus handelt. Manchmal sind die Verzierungen sehr speziell, dann wieder ganz simpel. Das liegt am Stil – soll es zum Beispiel Barock sein, eine bildliche Darstellung oder ein Gebäude mit Blumenverzierungen?« Mittlerweile sei sie es gewohnt, auch mal kopfüber zu arbeiten oder im Liegen, um manch verborgene Ecke besser zu erreichen, dann wieder stehe sie auf kippeligen Leitern oder auf einfachen Gerüsten, was die Arbeit stets erschwere und verlangsame. Manchmal müsse sie sich sogar mit Sicherheitsgurten vor möglichen Stürzen absichern.

Weiß der Nicht-Ligurer, in welch mühseliger Kleinstarbeit eine aufgemalte Fassade entsteht, wird er garantiert nicht mehr achtlos an einer vorbeilaufen – und sie auch nicht mehr abtun als »Spinnerei, weil sich die Hausbewohner keine vernünftigen Fenster leisten können«, wie es sich mancher Ligurien-Besucher anfangs oft vorstellt. Raffaella Stracca möchte jedem Reisenden eines mit auf den Weg geben, was die allermeisten Reiseführer ganz sicher nicht tun: »Nehmt euch Zeit, diese in der Welt einzigartigen Meisterwerke zu bewundern. Ihr werdet nicht eine einzige bemalte Fassade finden, die einer anderen gleicht. Dafür aber Tausende von Farben und Nuancen, die wunderbar harmonieren mit der umgebenden Landschaft, zwischen Meer und Bergen, zwischen haufenweise Mauern, Gassen, Oliven- und Zitronenbäumen.« Und wer richtig gut aufpasst, wird künftig nicht nur schon von Weitem eine aufgemalte Fassade erkennen, sondern auch noch, welches dieser Häuser zusätzlich mit Ardesia gedeckt ist!

Punta Chiappa, Liguriens schönes Hinterteil

Wer von einem Ort, der Pobackenpunkt heißt, nicht viel erwartet, könnte einiges verpassen

Knusprig braune, ölige Menschenleiber grillen Arm an Arm in der Sonne und wenden sich im Zehnminutentakt auf der Zielgeraden zu optimaler Sommerbräune. Solche Szenen, die an heißen Sommertagen an den meisten winzigen bis kleinen ligurischen Stränden so sehr zum Bild gehören wie Liegen mit Sonnenschirmen, findet man in Punta Chiappa nicht. Statt Schweißgeruch weht die Brise salzigen Meeresduft herüber, statt Menschengeplapper nistet sich das Klatschen der Wellen, die auf die Klippen treffen, im Gehörgang ein. Keine knorpeligen Füße des Vordermanns versperren die Sicht aufs Wasser, nur das ligurische Meer fläzt sich in der Sonne. Bei klarer Luft und Weitsicht bleibt der Blick nur kurz hinten in der Bucht an den sich aneinanderschmiegenden Bauten Genuas hängen, bevor er die Ponente-Küste im Westen weiter hinabwandert.

Zugegeben, so richtig verlockend und romantisch klingt er nicht – Punta Chiappa, voreilig übersetzt als »Pobackenpunkt«. »Pobacke« ist freilich nicht die einzig mögliche Übersetzung des italienischen Begriffs *chiappa* und in diesem Fall sogar die falsche Wahl: Weiß man, dass das Wort auch »hervorstehender Fels« bedeutet, wird auf einmal alles klar, denn der Ort ist nicht viel mehr als eine vom Meer umtoste Felsspitze zwischen zwei beliebten Touristenzielen an Liguriens Küste, Camogli und San Fruttuoso. Fast stündlich hält ein Boot, das beide Ortschaften per See verbindet, auch in Punta Chiappa, doch die meisten Touristen schauen den wenigen Einheimischen, die vollbepackt mit Picknick- und Badetaschen an diesem rauen Steinhügel mitten im Meer aussteigen, nur fragend nach. Was soll es dort schon geben? Auf den ersten Blick entdeckt man wenig, das zum Verweilen einlädt, und darüber hinaus haben die meisten Reiseführer für Punta Chiappa nicht eine einzige Seite über. Zum Glück!

Einer, der den Ort für sich entdeckt hat, ist der junge Neapolitaner Diego, der genug hatte von der Masse der Sonnenhungrigen an sämtlichen Stränden. »Ich sehne mich nach einem Ort, an dem ich das Meer einfach genießen und in Ruhe ein paar Runden schwimmen kann«, erklärt er. Beim ersten Besuch in Camogli habe er am Verkaufskiosk am kleinen Hafen gefragt, ob es Boote zu irgendeinem abgelegenen Ort am Meer gäbe. Der Achtundzwanzigjährige erzählt stolz von seiner Entdeckung: »Die Frau sagte mir, San Fruttuoso sei schön, das ist ein winziges Dorf mit Kloster hinter Portofino. Aber es steht in vielen Reiseführern und ist sehr touristisch. Dann hatte sie noch einen Geheimtipp.« Diego senkt verschwörerisch die Stimme. »Dort vorne gibt es eine Landspitze, die die Boote nach San Fruttuoso anfahren, aber nur wenige besuchen sie. Sie ist felsig und rau und man kann sich schlecht hinlegen, aber das Wasser ist sauber und klar, ideal zum Schwimmen oder Tauchen, und es gibt eine Unterwassergrotte. Einmal bin ich dort eingenickt und als ich aufwachte, haben mich wilde Ziegen von oben angesehen!«

Die Bootsfahrt von Camogli dauert knappe fünfzehn Minuten, Wanderer können aber auch den etwa anderthalbstündigen Fußweg von Camogli hoch nach San Rocco und weiter entlang des schmalen Küstenweges nehmen. Dafür hält man sich nach dem Bahnhof von Camogli an der Polizeiwache rechts und folgt dem Holzschild mit gelber Aufschrift »S. Rocco«. Der schweißtreibende Anstieg über unzählig viele Treppenstufen ist ein kostenloses Beine-Po-Training und führt vorbei an gemütlichen Dorfhäusern, vor denen Katzen im Schatten dösen. Bei dieser Strecke ist jedoch ausnahmsweise mal nicht der Weg das Ziel, sondern der postkartentaugliche Zweihundert-Seelen-Ort San Rocco. Der bietet von seinem Kirchplatz etwa zweihundert Meter über dem Meer eins der besten Panoramen des Küstenabschnitts.

Wer die Chance verpasst hat, sich in Camogli oder anderswo mit einer *focaccia* oder *farinata* fürs Picknick am Meer einzudecken, kann dies in San Roccos Bäckerei nachholen, vor der sich gewöhnlich viele hungrige Wanderer, die die Portofino-Halbinsel erkunden, unter die nicht minder hungrigen Dorfbewohner mischen. Danach schlägt man sich regelrecht ins Gebüsch, es geht durch Olivenhaine und vorbei an der Kirche von San Nicolò di Capodimonte aus dem 12. Jahrhundert. Nach Piratenangriffen im 15. Jahrhundert verwaiste sie, doch was den nackten Mauern an Schönheit fehlt, macht die Lage über dem Meer wett. Sicher würde manch einer das Gotteshaus gerne für Millionen von Euro in ein exklusives Eigenheim umgestalten.

Das letzte Stück Pfad in Richtung Landspitze säumt ein von hellen Fischernetzen überzogenes Geländer. »Über die Treppen dort rechts gelangt man zur Spitze«, deutet Diego. Nach einem winzigen Waldweg rekelt sich eine massige Klippe aufs offene Meer zu, wo drei schwarz-weiße Katzen über die Steine toben. »Die letzte Grenze zwischen Land und Meer«, nennt Diego sie. Die Felsen fallen zu beiden Seiten schroff ins Wasser ab, in der Mitte führt ein holpriger Weg zu einer einwandigen Ruine mit Fenster im Zentrum der Landspitze. Diego balanciert etwa zehn Meter weit schmale Stufen hinab bis zu einer winzigen Plattform über dem an die Felsen klatschenden Meer. Spätestens jetzt wird klar: Punta Chiappa ist nichts für schwache Nerven und für nicht Schwindelfreie eher mäßig geeignet.

Aber wer es bis hierher geschafft hat und sogleich in das tiefe, karibisch klare Wasser springt, dem zeigt das ligurische Meer seine ansonsten eher verborgene Seite. Diego stürzt sich kopfüber ins blaue, in der Sonne glitzernde Wasser und taucht immer wieder unter, wie ein aus dem Fang geflohener Fisch, der den Weg zurück in die Freiheit gefunden hat. Sein Körper bleibt unter Wasser gut sichtbar, ebenso wie wenige in der Strömung treibende Quallen. Doch wie kommt man zurück an Land? Diego krault in Richtung eines dicken Seils, das an einem Felsvorsprung vertäut ist, schnappt sich das Ende und klettert den Felsen flink hoch. Minutenlang bleibt er auf der Plattform stehen, seine dunklen Augen strahlen. »Hier zu baden ist ein Höhepunkt für jeden, der das Meer liebt. Man ist von nichts anderem als von Wasser umgeben. Das ist immer etwas kühler als am Strand, aber man gewöhnt sich daran.«

Doch nicht jeder Besucher Punta Chiappas ist ein begeisterter Schwimmer wie Diego. Wer die steilen Stufen zum Wasser lieber meidet, trifft nach wenigen Hundert Metern auf den letzten Punkt der Halbinsel, wo die Felsen mit jedem Schritt spröder werden, vom Meer zerklüftet und perforiert. Hinter einem Felsvorsprung sitzt ein in Genua ansässiger Peruaner Ende zwanzig, einen Schreibblock auf dem Schoß. »Als ich das erste Mal hergekommen bin, war ich überrascht, welchen landschaftlichen Reichtum diese Halbinsel zu bieten hat. Kurz vor der Spitze habe ich Olivenbäume und die berühmten ligurischen Zitronen wachsen sehen. Dann habe ich lange die Vögel beobachtet und den Wellen gelauscht.« Der Hobbydichter deutet auf seinen Block, auf dem einige Verse stehen. »Ich habe Punta Chiappa ein Gedicht gewidmet. Es beschreibt meine Empfindungen an diesem magischen Ort.«

Den Blick auf den Flug der Vögel
Diese Stimme, die für die Natur singt
Lausche der Bedeutung von Punta Chiappa

Den Blick erhoben zum Blau des Himmels
Das Wunder, dieses Licht zu atmen
Noch lebhafter, wenn es auf Emotionen trifft

Den Blick auf den Flug der Vögel
Diese Stimme, die für das Meer singt
Diese Stimme, die der Natur singt
Von dieser alten Kirche, die schützt
Die Landschaft voller Oliven
Erfasse die Bedeutung von Punta Chiappa
Atme den Duft dieses Wassers
Oh! Welch Emotion finde ich in Punta Chiappa.
(frei übersetzt aus dem Italienischen)

Der Genueser Geologe Pietro Balbi sieht dagegen in Punta Chiappa weder die beste Schwimmgelegenheit noch Poesie. Für ihn ist der Ort ein bedeutendes Stück Geschichte der Region. »In genuesischem Dialekt bedeutet *chiappa* flach oder eben. Besonders von Genua aus gesehen ist Punta Chiappa eine abgeflachte Verlängerung dieses steilen Berges.« Geomorphologisch gesehen sei die Landspitze eine Meeresterrasse, so Balbi, das heißt, durch ständige Wellenbewegungen abgeschliffene Felsen. »Die Erosion begann bereits vor ein oder zwei Millionen Jahren, als der Meeresspiegel noch höher lag. Die Wellen krachten gegen den Portofino-Berg und das Kliff wich immer weiter zurück, also auch die zuvor senkrechten Steilwände.« Im Laufe der Zeit sei der Meeresspiegel dann gesunken und dadurch die heutige Form von Punta Chiappa entstanden.

Eine einheimische Boutique-Besitzerin fühlt sich

bei Punta Chiappa an die Galapagosinseln erinnert. »Wenn ich hier bin, warte ich immer darauf, dass ein Leguan aus den Felsen hervorspringt. Dieser Ort hat eine fast noch ursprüngliche Schönheit.« Diego nickt zustimmend. Er hat sich mittlerweile auf einem der wenigen Felsen ausgestreckt, die man als etwas flacher bezeichnen könnte. Vorsichtshalber auf gleich zwei Handtüchern, denn die teils spitzen Steine sind eigentlich nur für Menschen mit Fakir-Erfahrung zum Liegen geeignet. Plötzlich schnellt er hoch. »Dort oben!« Auf einem Felsen circa fünf Meter über ihm lugt der Kopf einer Ziege hervor. Zwei weitere Augenpaare folgen. Neugierig blicken die wilden Tiere auf die menschlichen Besucher, die sich an dieses schöne Hinterteil Liguriens verirrt haben. Dann verschwinden sie lautlos, begleitet vom Rollen der Wellen und dem Frohlocken einiger Möwen, hinter den Klippen. Nur den eindeutigen Geruch nach Ziegenbock weht die Meeresbrise noch lange herüber, bevor auch dieser davongetragen wird und mit dem letzten Boot des Abends alle Besucher abfahren.

Und so, wie sich die Sonne hinter den Hügeln allmählich zum großen Finale bereit macht, fühlt sich Punta Chiappa immer mehr an wie einer der wenigen Küstenorte Liguriens, in denen sie noch zu spüren sind – Wildnis und Einsamkeit. Dank des Meeres, das den Untergrund nicht glattgelutscht hat, dank fehlender Strände und einer respekteinflößenden Portion Unwirtlichkeit, an der dieser magische Ort seit vielleicht schon Millionen von Jahren festhält.

Feuerwerk für die Madonna

Viele Feste Liguriens drehen sich um Heilige – so auch die Fuochi di Recco jeden September

Während das Boot mit abgestelltem Motor in gebührendem Abstand zur Küste vor Recco auf den sanften Wellen des Mittelmeers schaukelt, schauen alle Passagiere in den Himmel und warten auf eins – dass um etwa zweiundzwanzig Uhr dreißig der letzte Flieger von Rom, der den Flughafen Genova Cristoforo Colombo ansteuert, vorbeifliegt und es endlich losgehen kann. Ein zufriedenes Raunen, als sich der blinkende Vogel in der Ferne zeigt und in Richtung Westen verschwindet. Nun dauert es keine halbe Stunde mehr, dann geht es los: Pfeifend und zischend schießen die ersten Raketen zu liebevoll zusammengestellter Musik in die Höhe und explodieren dort, wo vor nicht langer Zeit das Flugzeug im Landeanflug war, in Form von überdimensionalen kunterbunten Sternen. Die erste ist nicht einmal ganz verglüht, als schon die nächste lautstarke Himmelsmalerei ihrem flüchtigen, glorreichen Moment entgegenstrebt. Glitzer und Farben spiegeln sich auf der Meeresoberfläche, während das fast weihnachtlich hell erleuchtete Ufer von Recco bald hinter einer Rauchschicht verschwindet. Legen die Profis eine Minipause ein, sitzt man vom dunklen Meer umschlossen, lauscht dem leichten Plätschern und saugt diesen Geruch auf, der sonst typisch für Silvester ist. Viele halten Kameras und Mobiltelefone stets bereit, um die besten Momente des Abends für ihre Lieben oder die sozialen Medien festzuhalten, manches Pärchen knutscht unterm Farbregen und wer noch keine Zeit zum Abendessen hatte, versorgt sich mit Bier und Snacks. Ob eine oder zwei Stunden – die Zeit verliert ihre Bedeutung ebenso wie der schmerzende Nacken, denn kein Feuerwerk-Augenblick gleicht dem anderen, und oft ist die Choreografie aus Licht und Musik so berührend, dass einem die Tränen kommen.

Zugegeben, umweltfreundlich ist dieses Feuerwerk nicht, aber es ist der 8. September, und dieser Tag wird in Recco seit 1824 jedes Jahr aufs Neue mit ordentlich Krach und Farbe gefeiert. Und mit Essen. Weiß man, dass das Ligurien- und Italien-weit beliebte Event nicht einmal während der letzten Jahre des Zweiten Weltkriegs unterbrochen wurde, überrascht es auch wenig, dass selbst die Corona-Pandemie in den Jahren 2020 und 2021 nicht zu einer kompletten Absage führte! Um einmal dabei zu sein, bieten sich zwei Möglichkeiten: Man fährt sehr frühzeitig am Tag des Feuerwerks mit den öffentlichen Verkehrsmitteln nach Recco – oder bucht bereits ein Jahr vorher eine Unterkunft vor Ort und ist so bereits vor allen anderen da –, und schlägt sich im Rhythmus fröhlicher Livemusik in Richtung Strand durch, um einen der Top-Spots zum Feuerwerk-Spotting zu ergattern. Schnelles Vorankommen wird jedoch erschwert vom unverwechselbaren Duft nach *focaccia al formaggio,* anderen *Focaccia*-Varianten, *pizza* und weiteren Leckereien, die sämtliche Gastronomiebetriebe der Kleinstadt an ihren mobilen Ständen verkaufen. Besucher aus ganz Ligurien stehen sich auf den teils in schicke Stöckelschuhe gezwängten Zehen – denn *bella figura* ist immer der Bequemlichkeit vorzuziehen, auch bei Straßenfesten – aber auch Dialekte aus Rom, Kalabrien oder dem Mailänder Raum mischen sich unter fröhliches Stimmengewirr in Deutsch, Schweizerdeutsch, Französisch und Spanisch. Die weniger bunte, dafür aber etwas entspanntere und sicher romantischere Variante, das Feuerwerk zu genießen: Man reserviert ein Ticket für eins der zahlreichen Boote, die am Abend vom Hafen Genua aus starten und Besuchern ermöglichen, das über dem Meer stattfindende Spektakel vom Wasser aus zu erleben.

Doch was feiern die *recchelini,* wie sich die Einwohner Reccos nennen, an diesem 8. September überhaupt? Nun, wer sich ein bisschen mit Italien auskennt, der weiß es schon: In Italien feiert man die Feste in der Regel nicht, wie sie fallen, sondern genau dann, wenn die Madonna oder ein Heiliger Geburtstag hat oder aus einem besonderen Anlass geehrt werden soll. Dass keiner von beiden auch nur einen Finger mit im Spiel hat, ist eher selten, und so haben auch die *Fuochi di Recco,* das Feuerwerk von Recco, einen religiösen Hintergrund. Sie finden zu Ehren der »Madonna der Fürbitte« statt *(Nostra Signora del Suffragio),* der Schutzpatronin von Recco. Dabei fällt die Hauptfeier zwar auf den

8. September, doch eingeläutet werden die Feierlichkeiten schon am 6. und klingen am 9. September aus.

Zu diesem besonderen Ereignis unterteilt sich Recco einmal im Jahr in seine historischen sieben *sestieri*, »Viertel« (zu diesem Anlass eher Vereine), die seit 1990 ein *Fuochi*-Komitee betreiben, das das Event das ganze Jahr über in mühsamer Kleinstarbeit plant. Wie die *recchelini* scherzhaft sagen: »Die Arbeiten für die Feiern beginnen gleich nach dem Fest und enden vor dem Fest – des folgenden Jahres!«

Am Tag der Tage haben dann die besten professionellen Feuerwerker des Ortes die Chance, ihr kreatives Können am Himmel auszuleben. Sollte jemand in oder in der Nähe von Recco übernachten und bereits in den frühen Morgenstunden des 8. Septembers, um genau drei Uhr dreißig, von Kanonenschüssen aus dem Schlaf gerissen werden (bekannt als *Sparata di mascoli*, Schuss der Männer), gibt es keinen Grund zur Sorge, man könnte das Feuerwerk verschlafen haben – zu genau diesem Zeitpunkt feiern die sieben »Viertel« Reccos die Geburt der Jungfrau Maria und laden zur Frühmesse, die um vier Uhr dreißig beginnt. Noch spannender ist es allerdings, am Abend des 8. September um zwanzig Uhr dreißig zuzuschauen, wie eine Skulptur der Madonna im Takt von Kanonenschüssen und Feuerwerk in festlicher Prozession durch die Straßen Reccos getragen wird, umjubelt von unzähligen Feierlustigen, die aufs Feuerwerk warten, aber auch von Gläubigen aus Recco und der Umgebung. Den Abschluss der Feierlichkeiten, dem auch Besucher beiwohnen dürfen, bildet stets die sogenannte *descoperta* am Abend des 9. Septembers, eine Messe zum Ausdruck der Dankbarkeit. Denn Grund zur Dankbarkeit haben die *recchelini* mehr als genug – für ihre süchtig machende *focaccia al formaggio*, für ihre tapfere Schutzpatronin und natürlich für die ihrer Meinung nach besten Feuerwerkskünstler Liguriens.

Nebenbei haben sie auch das Glück, es gar nicht weit zu haben zu einem weiteren, ebenso beliebten ligurischen Fest, das zufällig im postkartentauglichen Nachbardorf Camogli stattfindet: Die *Sagra del pesce* (das Dorffest des Fisches), jährlich am zweiten Sonntag im Mai.

Schießen die *recchelini* zu Ehren ihrer Madonna ein Feuerwerk in den Himmel, so kochen die *camogliesi* Fisch en masse für jedermann, vorgeblich zu Ehren von San Fortunato, dem Schutzpatron der Fischer.

Angeblich war dieser eine Erfindung der Fischer selbst, als Camogli um 1700 noch ein reines Fischerdorf war und die Bewohner vom Fischfang abhingen. Da ihnen das Meer längst nicht immer wohlgesonnen war, halfen nur Gebete – und diese erhörte damals allein die etwas überstrapazierte Madonna di Camogli, auch Madonna del Boschetto genannt. Um ihr ein wenig Last von den Schultern zu nehmen, erbaten sich die *camogliesi* schließlich vom Papst ihren eigenen Heiligen speziell zum Schutz der Fischer. Letzten Endes war es aber nicht der Papst, sondern ein von mehreren Fischern überlebter Sturm, der ihnen den passenden Heiligen zuteilte – das Überleben der Männer erschien wirklich *fortunato*, ein Glücksfall, und so war der Schutzpatron der Fischer geboren – der Heilige Fortunato!

Wenn sie einen Sonntag mal nicht zu kochen brauchen und dazu auch noch Fisch gratis bekommen, der in ligurischen Gaststätten recht teuer ist, sammeln sich natürlich nicht nur die Dörfler Camoglis um die für das Mahl eines Riesen geschaffene Pfanne. Gefühlt findet sich an jenem zweiten Maisonntag jeder Ligurer früher oder später in Camogli ein und hält den Köchen gierig einen Teller entgegen, und auch viele weitere Italiener und Ausländer legen ihren Ligurienurlaub gerne so, dass sie wieder mal bei der *Sagra del pesce* dabei sind. Wer vom Fisch nicht genug abbekommen hat, sättigt sich danach in einer der vielen *focaccerie* (unter den Einheimischen gilt die *Focacceria Revello* als beste Camoglis) oder schleckt ein hausgemachtes Eis (*gelato artigianale*) mit Blick auf die Halbinsel von Portofino.

Das erste Mal Gratisfisch für alle gab es im Jahr 1952, als man mehrere große Pfannen auf der Piazza Colombo aufstellte und für San Fortunato und alle Dorfbewohner sowie Besucher zu kochen begann. Mit der Zeit wurden aus den kleinen Pfannen eine riesige, bis dato *das* Symbol des Festes. Die heutzutage genutzte Pfanne besteht aus rostfreiem Stahl, hat einen Durchmesser von vier Metern, einen Griff von sechs Metern und angeblich ein Gewicht von achtundzwanzig Tonnen! Damit schafft sie es auf ein Fassungsvermögen von zweitausend Litern oder, konkret ausgedrückt: Die eifrigen Köche füllen daraus am Festtag locker um die dreißigtausend Teller mit insgesamt gut drei Tonnen Fisch, die in dreitausend Litern Öl braten. Wer die ersten für das Festival entworfenen Pfannen bestaunen möchte, findet sie ganzjährig am Largo Simonetti (neben der langen Treppe, die hoch zum Bahnhof führt), wo sie seit den achtziger Jahren an einer Wand hängen. Aber genau wie es im September in Recco nicht nur ums Lichterschauspiel geht, dreht sich die *Sagra di Camogli* nicht allein um mit Fisch gefüllte Mägen.

Entsprechend findet am Abend vor dem Fest eine religiöse Feierlichkeit statt, um San Fortunato zu ehren, denn: kein Schutzpatron, kein Fisch! Ähnlich wie auch in Recco tragen dabei acht junge Männer den Wagenkasten mit der Statue des Heiligen, die etwa vierhundert Kilo wiegen soll. Auch dieser Prozession folgt ein tolles Feuerwerk, allerdings weniger ausschweifend als im Nachbardorf im September, woraufhin der Kirchturm Camoglis kunstvoll beleuchtet wird. Dazu spielt Camoglis Dorfband und man sollte das Dorf keineswegs frühzeitig verlassen, denn genauso besonders wie die Heiligenprozession selbst ist das darauffolgende *l'incendio dei falò* (Freudenfeuer) am Strand. Dabei verbrennen kunstvolle Holzstatuen, gefertigt von *camogliesi*, die jedes Jahr mit neuen Formen überraschen. Der Legende zufolge war jenes »Freudenfeuer« lange ein freundschaftlicher Gruß, um abfahrende Seemänner zu verabschieden – wobei jedes Viertel ein eigenes Feuer startete und mit der eigenen Flagge versah. Nach dem Zweiten Weltkrieg erhielten die Feuer dann eine andere Bedeutung, als einige Dörfler zu Wohlstand gelangt waren und ihre alten Möbel gegen neue einzutauschen begannen. Wohin aber mit den ausgedienten? Der Bedarf führte dazu, dass bald die sogenannten *ragazzi del falò* (Jungs des Freudenfeuers) auf der Bildfläche erschienen, die alte Möbelstücke für wenig Geld fortschafften und daraus Brennstoff für künftige Freudenfeuer ihres Viertels machten. Die Arbeit der Jungs erreichte ihren Höhepunkt, als sie 1968 ein ausgedientes Segelschiff, »l'Aze«, zur Verbrennung am Strand geschenkt bekamen. Man stellte sich vor, wie San Fortunato bei dem Riesenfeuer im Himmel begeistert in die Hände klatschte, und fortan wurde jedes Jahr am Strand ein Freudenfeuer abgebrannt – wobei sich die beiden Viertel Pinetto und Porto bis heute einen kleinen Wettbewerb liefern, wer das spektakulärste Feuer hervorzaubert.

Und so hat nahezu jedes noch so kleine Dorf Liguriens ein eigenes Dorffest, das dem eigenen Heiligen oder der eigenen Madonna gewidmet ist. Ob religiöse Tradition oder weltlicher Genuss, wichtig ist es den Dörflern und Menschen aus der gesamten Region stets, dabei zu sein und mitzufeiern.

Der Herr der Wellen

Wie der Schriftsteller Mario Dentone seine ligurische Heimat in seinen Werken verewigt

Eigentlich sagt man ja, man solle ein Buch nicht nach seinem Umschlag bewerten. Und doch ist es ein Buchumschlag, der mir 2010, als ich noch in Genua lebte und wöchentliche Ausflüge in die Küstendörfer unternahm, ins Auge fiel. Längst habe ich den Namen des Dorfes vergessen, erinnere mich jedoch genau an die kleine Buchhandlung und den Tisch mit Neuerscheinungen vor dem Schaufenster. Als Erstes fiel mir die Abbildung eines wunderschönen Segelschiffes ins Auge, als Nächstes der Titel: »Il padrone delle onde«, der Herr der Wellen. Meine Liebe für das Meer ließ mich sofort zu dem Buch greifen, dessen Klappentext verspricht: »Wie ein wahrer Ligurer war er Herr der Wellen und des Windes, und wer das Meer ein Leben lang im Blick gehabt hat, möchte auch auf dem Meer sterben.« Keine zwei Minuten später hatte ich das Buch des ligurischen Schriftstellers Mario Dentone gekauft, genau zehn Jahre später soll ich die Chance bekommen, mit dem 1947 in Riva Trigoso an der Levanteküste aufgewachsenen Autor selbst zu sprechen. Noch heute lebt er im Nachbardorf Moneglia und hat die ligurische Küste nie verlassen. »Il padrone delle onde« ist mittlerweile Teil einer Trilogie, gefolgt von »Il cacciatore di orizzonti« (Der Jäger der Horizonte) und »Il signore delle burrasche« (Der Herr der Stürme).

»Ich lebe seit jeher wenige Schritte vom Strand, von den Klippen und vom Meer entfernt und habe es nie geschafft, mich von hier loszulösen, ebenso wenig wie vom ligurischen Dialekt und von den Menschen«, erzählt der Schriftsteller. Jedes Mal, wenn er kurz fortgegangen sei, habe er eine Art schmerzhaftes Stechen verspürt. »Es war dann stets der Lockruf der mir vertrauten Orte, der mich beherrschte, als wären sie Zufluchtsstätten, die mir ein gewisses Sicherheitsgefühl vermittelten. Ich fühlte mich wie ein Kind, das sich fern dieser Orte verirrt.« Dentones Worte stehen sinnbildlich für ein Heimatgefühl, das viele Ligurer seiner und noch früherer Generationen teilen, das sich aber in der Generation ihrer Kinder und Enkel verflüchtigt zu haben scheint.

Damit, seine Liebe für seine Heimatregion auch auf dem Papier zu verewigen, begann der heute in Ligurien bekannte Schriftsteller allerdings erst spät. »Ich war nie ein guter Schüler, habe meine Schulzeit immer als Belastung meiner Freiheit wahrgenommen«, erzählt der mittlerweile zweifache Großvater mit einem Schmunzeln. »Das Konzept des ›Müssens‹ bremste mich aus und machte mich fast rebellisch.« Er sei jedoch zu einem akademischen Abschluss gezwungen worden, habe Verwaltungswissenschaften studiert und daraufhin als Buchhalter bei einer großen Schiffswerft gearbeitet. Doch gegen Ende seines Studiums habe ein mit Literaturwissenschaften befasster Professor einen seiner Texte gelesen und ihn ermutigt, zu schreiben und zu lesen. »Fortan habe ich weniger geschlafen und gefaulenzt und mich stattdessen der Literatur und dem Schreiben gewidmet. Nun bin ich Schriftsteller! Und worüber sollte ich schreiben, wenn nicht über meine Heimat, meinen Strand, meine Klippen und über das Meer, das mich schon als Kind gekannt hat, als ich auf dem Boot mit meinen Onkeln und meinem Opa ausfuhr? Das Meer ist mein Mythos, Abfahrt und Ankunft, Leben und Poesie.« Es ist schwer, mit dem ligurischen Autor zu sprechen und die ligurische Küste, die Ligurer und das Meer danach nicht mit verklärt-poetischem Blick zu sehen oder durch die Augen eines wahren *lupo di mare*, eines Seewolfs, von denen es in Ligurien zum Glück selbst heute noch ein paar mehr als nur Dentone gibt.

Die Protagonisten seiner Bücher sind häufig ebensolche Seebären, Seefahrer und Fischer, die vor der Kulisse ihrer einfachen Dörfer von den alles und nichts versprechenden Horizonten des Meeres träumen – wie der junge Geppin in »Il padrone delle onde«, der »lernt, dass das Meer vor allem Aufbruch bedeutet, auch wenn dieser Aufbruch kein sicheres Ankommen garantiert«. Auf die Frage, ob Figuren wie Geppin Menschen des wirklichen Lebens entsprächen oder erfunden seien, schwelgt Dentone in Erinnerungen an die alten Seefahrer, denen er schon als Junge immer gelauscht habe. »Ich hörte ihnen in der *osteria* zu, wohin mein Opa und ich immer gingen, wenn das Wetter zu schlecht war, um am Strand zu laufen oder zu fischen. Aus diesen Geschichten der alten Männer wurden meine Erzählungen geboren, und jede meiner Figuren, auch wenn sie erfunden ist, enthält etwas von diesen Menschen und ihren Geschichten.« Was der Autor seinen Lesern dabei über Ligurien und seine Bewohner mit auf den Weg geben möchte, ist eine kleine Erinnerung daran, was Ligurien letztendlich ausmacht: »Ich versuche mit Ehrlichkeit und Bescheidenheit, ohne jede Anmaßung, kleine Botschaften aus der Vergangenheit zu streuen. Ich schreibe über das einfache und daher wahrhaftigere Leben, das ich als Kind kannte. Damals war sogar ein Stück Holz, das das Meer an den Strand spülte, eine Eroberung, denn es sorgte für Feuer im Kamin und Wärme in der Küche.«

Die damalige Zeit vermittelt Dantone vor allem jüngeren Ligurern, aber auch Besuchern nicht nur durch seine Bücher, er schreibt auch wöchentlich für den *Secolo XIX*, das ligurische Tagesblatt. In mittlerweile über fünfhundert Geschichten hält er seine Erinnerungen an ein ursprünglicheres Ligurien fest, mit all seinen Werten, Bräuchen und Traditionen, die im Laufe der Jahre abgenommen haben. Dentone bedauert, dass heutige Besucher keine Gelegenheit mehr haben, dieses Ligurien, das in seinem Herzen so tief verankert ist, kennenzulernen und sich stattdessen vor allem dem modernen und zu schnellen Ligurien gegenübersehen. Und doch sei noch ein wenig erhalten von jenen eher groben, schroffen und schwierigen Menschen von damals, verbrannt von Sonne und Salz, die sich das Leben Tag für Tag erobern mussten in einer Region aus Klippen, Bergen und steil ansteigenden und abfallenden Hügeln, wo der landwirtschaftliche Anbau nach wie vor schwierig ist. »In meinem Heimatdorf Riva Trigoso war man früher normalerweise Fischer oder Seemann und es war ein Fest, wenn man nach einem ganzen Tag auf dem Meer ein paar Fische mit nach Hause brachte. Wer nicht als Fischer oder Seemann arbeitete, war Arbeiter oder Angestellter in einer großen Werft.« Heute gingen die jungen Leute hingegen eher zum Arbeiten oder Studieren in die Städte, wie überall auf der Welt. Dennoch setzt sich Dentone dafür ein, ein wenig ligurische Tradition zu erhalten, darunter den ligurischen Dialekt, seine Muttersprache. Diesen verstünden die jüngeren Generationen zwar zum Teil noch, könnten ihn aber selbst nicht mehr sprechen. Deshalb flechte er in seinen Büchern bewusst auch ein wenig des ligurischen Dialekts ein, der oftmals ohnehin aussagekräftiger sei als Standarditalienisch.

»Es ist schön, dass sich auch heute noch viele Ausländer in unsere Küste verlieben, in unsere kleinen Küstendörfer mit den ligurischen Farben. Und dass sie zu jeder Jahreszeit wiederkommen, sei es im Sommer oder im Winter.« Mit Freude erinnert er sich daran, wie er und seine Freunde als Kinder einen Wettbewerb daraus machten, möglichst viele ausländische Autokennzeichen, die sie gesehen hatten, auf einem Zettel zu sammeln, darunter vor allem von Deutschen, Franzosen und Niederländern. Schon damals hätten Besucher die ligurische

Welt aus Booten und Fischern geliebt und sich mit dem typisch ligurischen Charakter angefreundet, der als eher misstrauisch, barsch und verschlossen bekannt sei. Doch obwohl die Ligurer bis heute zunächst eher frostig oder zurückhaltend erscheinen könnten, seien sie in Wirklichkeit überaus herzlich.

Auf die Frage, was er persönlich ausländischen Freunden von Ligurien zeigen würde, denkt der Autor sofort an einen Ausflug zwischen Meer und Hügeln, um ein Gefühl zu bekommen für die vielen alten Häuser und Kirchen und dafür, wie es sich früher dort lebte und wie das Leben heute aussieht. Er würde ihnen zeigen, unter welchen Hürden die Weinlese vonstattengeht und wie Oliven in der Ölmühle zu Öl verarbeitet werden. »Immerhin waren Wein und Öl neben der Fischerei und Seefahrt einst unser großer Reichtum. Und ich möchte, dass mein Gast die Musik des Windes hört, unsere Farben und Gerüche wahrnimmt.« Damit er am Ende verstehe, dass die Ligurer wie Möwen seien, gerne zusammen – und doch lebe jede einzelne Möwe ihr eigenes Leben, das sie verteidige, wobei sie im Laufe der Zeit lerne, sich zu begnügen. »Ein echter Ligurer sucht noch heute den Horizont jenseits des Tellerrandes, jenseits des Meeres, wie der Seefahrer Geppin, Protagonist meiner Meeressaga. Aber genauso hat ein echter Ligurer auch stets das unstillbare Bedürfnis, den Fuß früher oder später wieder an einen Strand zu setzen.«

Je länger ich mit Mario Dentone spreche, desto nostalgischer verfärbt sich auch mein Ligurienbild. Als er erzählt, er habe sogar das Schwimmen vor dem Laufen gelernt, das Fischen vor dem Schreiben und barfuß auf Stränden voller Kieselsteine laufen statt Laufen in Schuhen, kommt ein wenig Neid in mir auf. »Das Meer war für mich schon von klein auf Wahrheit, Reinheit, Traum und Ziel, also ein Mythos, Abfahrt und Rückkehr. Das Meer macht mir keine Angst, denn ich habe schon als Kind gelernt, es zu respektieren. Denn wenn du das Meer nicht respektierst, dann bestraft es dich, und wenn du es herausforderst, bedeutet das deinen sicheren Tod.« Was auch Geppin im ersten Band der Meerestrilogie als frisch gebackener Seemann am eigenen Körper erfährt: »Des Nachts, in einem so großen Hafen [Genua], denkst du nur daran, dich auszuruhen nach der langen Reise. Und ob du nun an Gott glaubst oder ob er sich Gott nennt, Meer, Wind oder Sonne, denkst du nur daran, dankbar zu sein, dass du es einmal mehr geschafft hast, am Poller zu ankern, dass es dich wieder irgendwo angespült hat und dass du den neuen Tag lebend erwarten darfst. Auf dem Meer wirst du jeden Tag neu geboren.«

Wer sich in die Literatur Dentones vertieft, wird nicht nur Seefahrergeschichten vorfinden, das Meer ist nicht Protagonist jeder Geschichte, aber meist zumindest Kulisse. In Theaterstücken ließ er seine kulturellen Vorbilder aufleben, darunter Cesare Pavese, Marcel Proust und Luigi Pirandello, doch am Ende kehrte er immer zu seiner großen Liebe zurück – dem Meer. »Jeden Morgen, sobald ich aus dem Haus gehe, möchte ich den Strand und das Meer und seine Wellen sehen. Immer die gleichen und doch nicht dieselben, weil letzten Endes keine Welle wie die nächste ist.« Denn, wie nicht nur Mario Dentone selbst, sondern auch viele seiner Protagonisten wissen: »Wenn du am Meer geboren bist, dann nimmst du es überall mit dir hin und du kannst es unmöglich nicht vor dir haben wollen.« (Aus: »Il padrone delle onde«)

Die Cinque Terre

Liguriens weltberühmte Dorfschönheiten

Es gibt in Ligurien Orte, die sind fast zu schön, um wahr zu sein. Das UNESCO-Weltkulturerbe Cinque Terre, übersetzt einfach »fünf Dörfer«, ist einer davon. Ganz gleichgültig, wie überlaufen sie auch von Touristen sein mögen und wie viele schwitzende Menschen in der Hauptsaison über den Wanderweg zwischen den Dörfern stapfen – die Cinque Terre sind und werden wohl immer ein Teil Liguriens sein, den man einmal im Leben gesehen haben muss. Oder gesehen haben möchte. Dabei ist es ein Privileg, auf den die Dörfer verbindenden Pfaden in die Fußstapfen all der Dorfbewohner und Bauern zu treten, die über viele Jahrhunderte nur diese eine Möglichkeit hatten, ihre Nachbarn oder zu bebauende Felder zu erreichen. Erst im Jahre 1874 nämlich entstand die Bahnstrecke, die Genua mit La Spezia verbindet, wodurch auch jedes der Dörfer einen Bahnhof erhielt. Heute ist die Bahn eine beliebte Alternative zur Cinque-Terre-Wanderung, denn Regionalzüge verkehren in regelmäßigen Abständen und machen das Dorf-Hopping leicht.

Die fünf Dörfer, die sich mit ihren bunten Häuschen mit Fensterläden an die Klippen über dem Meer schmiegen, buhlen dem Augenschein nach um den Titel des »Schönsten im ganzen Land«.

Ihre Namen klingen wie romantische italienische Musikklassiker – Riomaggiore, Manarola, Corniglia, Vernazza und Monterosso –, und durch viele ihrer kopfsteingepflasterten Gassen wabert der Duft nach *focaccia* oder *trofie al pesto*. Das östlichste Dorf Riomaggiore steht für seine mittelalterliche Bauweise mit »Turmhäuschen«, die sich eng aneinanderschmiegen und mit ihren drei oder vier Etagen tatsächlich an in die Höhe strebende Türmchen erinnern. Über der Kieselsteinbucht und am winzigen Hafen vermitteln die Häuser das eindrucksvolle Bild eines Ortes, bei dem man in jeder Wohnung wahrscheinlich das Gespräch der Nachbarn im Haus nebenan mitverfolgen kann, doch das gehört ebenso zum Alltag der Dörfler wie die vollen Wäscheleinen, die sich von Haus zu Haus hangeln.

Wirkt Riomaggiores Häuserensemble noch recht strukturiert, haben die Menschen in Manarola beim Bau ihres Dorfes viel Fantasie bewiesen – da verschachteln sich bunte Häuser miteinander, als hätte man mit jedem Meter Platz geizen müssen. Über steile Treppen geht es von der Hauptstraße die Hügel hinauf und manch inspirierender Weitblick lässt nicht lange auf sich warten. Da überrascht es sicher nicht, dass der Ort lange Zeit Maler anzog, unter anderem Renato Birolli, der zu den bekanntesten Malern Italiens im 20. Jahrhundert zählt. Nach ihm ist die Via Birolli benannt, die als »Bootparkplatz« dient, da die Boote in der Bucht am Meer einfach keinen Platz finden. Die gotische Kirche San Lorenzo steht dagegen besonders am

10. August jedes Jahres im Mittelpunkt eines bedeutenden Festes – dem Dorffest zum Gedenken des Heiligen Lorenzo, des Schutzpatrons von Manarola. Ist man zufällig vor Ort, kann man zuschauen, wie die Sänfte mit der Heiligenstatue per Boot an Land kommt und schließlich wieder zur Kirche hinaufbefördert wird. Und wer Manarola im Dezember oder Januar besucht, erlebt die jeden Abend hell erleuchtete größte Krippe Europas in den Hügeln hinter dem Dorf.

Leider ist die romantische, in die Felsen gehauene Via dell'Amore zwischen Riomaggiore und Manarola, deren Geländer mit Schlössern voller Liebesschwüre übersät ist, aktuell noch wegen eines Erdrutsches geschlossen. Die Öffnung des etwa ein Kilometer langen Abschnitts ist frühestens für das Jahr 2024 vorgesehen, kann sich aber auch viel länger hinauszögern. Doch allzu traurig braucht man trotzdem nicht zu sein – der fotogenste Weg mit Weitblick übers Meer und den schönsten landschaftlichen Einblicken führt nämlich ohnehin von Manarola bis nach Monterosso.

Das folgende Corniglia ist das einzige Cinque-Terre-Dorf, das nicht an der Küste, sondern im Landesinneren liegt, auf hundert Metern Höhe. Kein Wunder also, dass es zwar keine Bademöglichkeit, aber dafür die schönste Weitsicht bietet, am besten von den Resten einer Burg am höchsten Punkt aus. Der Blick schweift vor allem über die Terrassenfelder, die das Dorf liebevoll umschließen. Die Bewohner Cornigias waren bereits zu Zeiten der Römer eifrige Weinbauern, was sich bis heute nicht geändert hat – hier entsteht vorzüglicher Weißwein, den es unbedingt zu verkosten gilt. Ebenso wie die typische Torta dei Fieschi, die es zum San-Pietro-und-Paolo-Fest am 28. Juni reichlich zu verkosten gibt. Dabei ist der Name »Torta dei Fieschi« doppeldeutig: Einerseits bezeichnet er die leckere Blätterteigspeise mit absolut geheimem Rezept, andererseits ein in Ligurien bekanntes Volksfest des Küstenorts Lavagna. Dieses umfasst jedes Jahr am 14. August historische Darbietungen zur Erinnerung an eine mit Fakten nicht einmal nachgewiesene Hochzeit – angeblich im Jahre 1230 zwischen dem Grafen Opizzo Fiesco und der Edeldame Bianca de' Bianchi aus Siena. Und selbstverständlich steht auch dort auf dem Speiseplan der Feierlichkeiten die Torta dei Fieschi.

Zwischen Corniglia und Vernazza ist ein wohlverdienter Stopp am Aussichtspunkt Punta Palma auf zweihundertacht Metern Höhe angesagt, vor allem für jeden, der ein Instagram-taugliches Foto des besonders malerisch auf einer Halbinsel liegenden Vernazza mit seinem Wachttürmchen schießen möchte. Braucht man danach Abkühlung im Meer, hält das nach Meinung der meisten Einheimischen und Besucher zugleich schönste Dorf, das einem farbenfrohen Mosaik gleicht, gleich zwei kleine Strände bereit – neben seinem markanten Turm von Belforte und drei Kirchen. Im kleinen Hafen dümpeln bunte Boote, und sind die Fischer gerade vom Meer heimgekehrt, lockt einen der Duft nach frischem Fisch gleich ins nächste Restaurant. Auf dem Weg bergauf in Richtung Monterosso offenbart Vernazza seine geballte Schönheit noch einmal von der anderen Seite.

Monterosso selbst ist das nördlichste und größte Cinque-Terre-Dorf, über ihm thronen die Überreste einer Burg. Es lässt vielleicht das heimelige Ambiente der anderen vier Dörfer vermissen, doch sein langer Kies- und Sandstrand ist nach einer spannenden Wanderung der wohl entspannendste Ort, um das Erlebte noch einmal Revue passieren zu lassen: die unzähligen Momente zwischen steilen Hügeln und Terrassenfeldern mit Weinreben, die sich hoffentlich auch beim nächsten Besuch noch so lieblich in der Mittelmeersonne aalen werden, da der Nationalparkstatus der Region Neubauten und Veränderungen untersagt. Was Anlass zur Hoffnung gibt, dass die wilde *macchia mediterranea*, die mediterrane Buschlandschaft, weiterhin in verschiedenen Grüntönen in ihrer wilden Schönheit erstrahlt, dass die Zitronen und Orangen in aller Ruhe an Bäumen reifen werden und sich beim Anblick der vielen Olivenbäume stets aufs Neue das Gefühl einstellt, nun wirklich in Italien angekommen zu sein.

Elfhundert Stufen zum Meer

Wer zwischen den Klippen Monesterolis baden möchte, hat einen weiten Weg

Ein etwas verblichenes Holzschild mag zwar elfhundert Stufen ankündigen, die von hoch auf den Meeresklippen unweit des verschlafenen Campglia in das sich vierhundertfünfzig Meter tiefer an die Felsen schmiegende Dorf Monesteroli führen, doch eigentlich sind es noch viel mehr. Einzelne Quellen sprechen von bis zu zweitausend Stufen, wer unterwegs zählen möchte, verliert aber bei jedem schwindelerregenden Schritt über dem Abgrund wahrscheinlich schnell die Konzentration. Fest steht, es sind so viele nahezu senkrecht zum Meer abfallende Stufen, dass Besuchern beim Abstieg vor Angst die Knie zittern und sie beim Aufstieg ihre Funktionskleidung durchschwitzen. Doch das Dorf mit seinen roten Ziegeldächern, das sich vom Blau des Mittelmeers so kontrastreich abhebt, übt die Faszination einer Wüstenoase aus, die unbedingt erreicht werden möchte.

Manch einer mag dabei vergessen, dass die Treppen nicht etwa als Herausforderung für besonders sportliche Badewillige errichtet wurden. Auch nicht, weil die Erbauer der heute meist leer stehenden oder als Ferienhäuser genutzten Häuschen solchen Spaß am Treppensteigen hatten.

Nein, die Treppen sind Liguriens wohl greifbarstes Beispiel dafür, welche Strapazen Bauern und insbesondere Weinbauern auf sich nehmen mussten, um Wein auf Terrassenfeldern an den steilen Meereshängen anzubauen. Sie waren es, die das Dorf mit seiner Handvoll an Häusern einst nutzten und die mit Körben voller Trauben auf dem Rücken die teils nicht einmal einen Fuß breiten Treppen rauf und runter kletterten. Die Häuser beherbergten überwiegend Keller, wo die Bauern Weintrauben zu Wein verarbeiten. Ob sie diesen auch gleich vor Ort reichlich verkosteten, bevor sie sich an den halsbrecherischen Aufstieg machten, und wie viele dabei ums Leben kamen, ist allerdings nicht bekannt.

»Scala Grande« heißt sie heute, die große Treppe, mit ihren von Wind und Regen geformten Sandsteinstufen. Dass die Treppe überhaupt noch erhalten ist, ist letzten Endes ihrer schweren Zugänglichkeit zu verdanken, denn wer Monesteroli besuchen möchte, macht es sich oft leichter und kommt per Boot. Wer sich zu Fuß auf den Weg macht, der findet die Stufen im untersten Teil dagegen eingebrochen und ist damit offiziell vom Meer abgeschnitten. Wagemutige klettern trotzdem über die Felsen bis zum Ufer, um sich für den geschafften Abstieg mit einem Meeresbad zu belohnen. Ob das die beiden Mönche wohl auch taten, die dort angeblich einst gelebt haben und denen das Dorf seinen Namen verdankt? Wer nach dem Beine-Po-Training noch Energie übrig hat, kann sich jedenfalls bei einem *cappuccino* mit *focaccia* in

Campiglias gemütlicher Bar mit Weitblick Gedanken darüber machen.

Liguriens kleines Stonehenge

In den bewaldeten Hügeln zwischen Lerici und Romito Magra verbergen sich Monolithen, auf denen das Licht jedes Jahr zur Sonnenwende einen goldenen Schmetterling hervorlockt

Schweigend, nahezu andächtig, macht sich eine kleine Gruppe ab etwa neunzehn Uhr dreißig auf den Weg in Richtung der Gemeinde Monti di San Lorenzo. Der asphaltierte Weg windet sich zwischen Laubbäumen und mediterraner Buschlandschaft beständig in die Höhe, es duftet nach Sommer, die Hitze des Tages schwebt noch in der Luft. Nach dem Bed & Breakfast »Il Giardino delle farfalle« endet die Straße und ein schmaler Waldpfad zum Monte Caprione beginnt. Er führt vorbei an der Ruine der mittelalterlichen Kirche San Lorenzo, von der nur noch ein Teil der äußeren Mauern und ein Überrest des Glockenturms stehen. Zunächst verläuft die Strecke eben und steigt dann ein wenig an, bis das Ziel rechter Hand nach etwa einer halben Stunde Fußmarsch auftaucht: eine Ansammlung von vier Megalithen in Form einer Raute, auch als »Quadralithon« bezeichnet.

Jeder in der Gruppe ist in seine eigenen Gedanken versunken, während der nördlichste Stein, der Menhir, die Aufmerksamkeit aller gefangen nimmt. Nun heißt es warten, bis das Spektakel anfängt. Bis zwischen etwa zwanzig Uhr fünfzehn und zwanzig Uhr fünfunddreißig die letzten Sonnenstrahlen des Tages das umgebende Grün durchpflügen und sich zwischen die drei weiter südlich positionierten Steine drängen. Die Mitglieder der Gruppe stehen im Halbkreis und fassen sich bei den Händen, ehrfürchtig, noch immer schweigend. Laut alten Legenden soll die Berührung jedem Einzelnen zu noch tieferen Emotionen verhelfen und dazu dienen, die von dem Ort verströmte Energie gemeinsam aufzunehmen. Endlich ist es so weit: Durch ein einmaliges Zusammenwirken von Licht und Schatten offenbart sich auf dem imposanten Steinbrocken gegenüber ganz ohne Eile und deutlich erkennbar ein goldener Schmetterling. Manch einer hält den Atem an, andere seufzen dankbar, doch alle spüren eins – dass sie sich an einem wahrhaft magischen, historischen Ort befinden. Das Lichtspiel dauert nur ein paar Minuten, doch für viele Besucher zählen diese zu jenen unvergesslichen Momenten, aus denen sich die schönsten Reisen zusammensetzen.

Das Schauspiel, das bei klarem, nicht zu wolkigem Wetter mindestens eine Gruppe anzieht, wiederholt sich jedes Jahr ab den Wochen vor und bis in die Wochen nach der Sommersonnenwende. Ausgangspunkt zur historischen Stätte ist die Landstraße zwischen Romito Magra und Lerici, wo die Straße nach Monti di San Lorenzo abzweigt, die aber zwischen sechzehn und einundzwanzig Uhr für den Autoverkehr von Nicht-Anwohnern gesperrt ist. Also geht es zu Fuß den braunen Wanderwegweisern in Richtung der *farfalla dorata* nach.

Doch was genau ist dieser goldene Schmetterling nun?

Entdecker des alljährlichen Naturphänomens an diesem besonderen Ort, der schon sechstausend Jahre vor Christus entstanden sein könnte, war der mittlerweile verstorbene Forscher und Astronom Professor Enrico Calzolari. 1997 stieß er dank seiner Leidenschaft für die Geschichte der Antike eher zufällig auf das ungewöhnliche Lichtgeschehen auf diesem prähistorischen Fund. Fest steht nach Recherchen Calzolaris und weiterer Experten, dass auf dem Gebiet der heutigen Gemeinde von Monti di San Lorenzo vor der Römerherrschaft Ligurer lebten, zu denen sich vermutlich auch einige keltische Stämme gesellten. Auf diese Kelten könnten die Megalithen zurückgehen. Möglicherweise nutzten sie diese als Schauplatz von Ritualen, die sich um die Jahreszeiten, eine erste Vorstellung von Astronomie, Fruchtbarkeit und den Übergang von Leben und Tod drehten.

Bis heute ist die genaue Bedeutung dieses kühlen, magischen Ortes im Hinterland von Lerici offen, ebenso wie die Symbolik des Schmetterlings selbst, der nach Ansicht vieler für Schönheit und Wandel steht. Sicher ist laut Wissenschaftlern lediglich, dass die Steinblöcke nicht beliebig aufgestellt wurden und ihre Form folglich einen Sinn haben muss. Dass das Schmetterlingsbild zufällig erscheint, glaubte Calzolari nicht – zu präzise bedacht seien die Aufstellung und Öffnung zwischen den Steinen, dank der die Sonnenstrahlen den Schmetterling zur Sommersonnenwende sichtbar machen. Die Rede ist nun sogar von einem ähnlichen Schmetterling, allerdings silberfarben, der sich bei Vollmond zeigen soll. Noch gibt es allerdings im Gegensatz zu den Sonnenwende-Gruppen keine offiziellen Pilgertouren bei Vollmond – etwas, das sich schnell ändern könnte, sollte sich herumsprechen, dass sich dann wirklich ein silberner Vollmond-Schmetterling manifestiert!

Die plausibelste Interpretation des Schmetterlings berücksichtigt nach Meinung einiger Forscher einen metaphysischen Übergang beziehungsweise eine Art spiritueller Wanderung, die beim Wechsel der Jahreszeiten stattfindet und deren Vehikel ein Schmetterling ist. Demnach hätten die früheren Volksstämme dort die Seelenwanderung zwischen der Welt der Lebenden und der Toten und damit ihren Kult von Fruchtbarkeit und Geburt versus Tod gefeiert. Sicherheit wird es darüber wohl nie geben, jedoch wird die Theorie untermauert durch Reste von Monolithen, Mauern und einer Estrade in der näheren Umgebung, die allesamt Teil eines Ritualareals gewesen sein könnten. Calzolari wies jedoch auch auf den schamanischen Glauben hin, der von menschlichen Geistern mit dem Sternenbild Kassiopeia als Mutterfigur ausgeht. Kehrten diese Seelen zur Kassiopeia zurück, taten sie das den Schamanen zufolge in Form eines Vogels oder aber eines Schmetterlings.

Doch selbst wenn es keine eindeutige Erklärung für das Entstehen der mystischen Steinraute gibt, spürt jeder Besucher, dass es sich um einen ganz besonderen, nahezu heiligen Ort handelt. Besucht man ihn abseits der längsten Tage des Jahres, wird man den goldenen Schmetterling zwar nicht zu sehen bekommen, doch ein Spaziergang zu dem prähistorischen »Zirkel« lohnt sich trotzdem. In den ruhigen Wäldern, wo höchstens am Wochenende ein paar Wanderer oder Mountainbiker unterwegs sind, ist der Moment des Erstaunens, wenn sich die Steinkolosse auf einmal am Wegesrand erheben, auch zu jeder anderen Jahreszeit eine außergewöhnliche Erfahrung. Und damit sich der Schmetterling auch in den übrigen elf Monaten nicht komplett versteckt, hat man an der Stelle, wo er zur Sonnenwende auftaucht, ein kleines Schild mit einem verblichenen Foto des goldenen Schmetterlings aufgehängt. Ganz so magisch wie der echte Schmetterling, der sich schüchtern im Licht der Abendsonne manifestiert, ist das zwar nicht, aber mit ein wenig Fantasie wird das Spektakel doch ein Stück weit greifbar.

Borghi, die Dörfer über dem Meer

Einige von ihnen zählen zu den schönsten Italiens – die ligurischen Dörfer oberhalb des Meeres

Borghi, das sind zunächst einmal einfach nur Dörfer (Singular: *il borgo*) – am oder über dem Meer, in den Hügeln oder Bergen, über ganz Ligurien und Italien verteilt, darunter auch Bussana Vecchia, Triora und Dolceacqua. Fragt man einen Ligurer, welches Dorf besonders schön sei, erfolgt als Antwort meist ein Name, den selbst Google Maps nicht findet. Wie viele Italiener machen nämlich auch die Ligurer die Schönheit eines Dorfes daran fest, ob man dort gut essen kann. Dann werden selbst manche *borghi* mit gerade mal drei grauen Häusern irgendwo im Nirgendwo zu beliebten Wochenendausflugsspots der Einheimischen, und einen Tisch in der beliebten *osteria* oder einem anderen *ristorante* vor Ort gibt es am Samstag und Sonntag nur auf Reservierung.

Wer aber beim Besuch der *borghi* weniger an gutes Essen denkt, sondern eher an kopfsteingepflasterte Gassen und bunte Häuser, dem möchte ich meine ligurischen Lieblingsdörfer verraten, die eins gemeinsam haben: Sie befinden sich nicht direkt am, aber über dem Meer – mit Ausnahme von Seborga, das dafür aber einen Mini-Staat mitten in Ligurien darstellt! Allesamt bieten sie neben mittelalterlichem Flair auch den einen oder anderen postkartentauglichen Weitblick übers Mittelmeer und die Umgebung sowie Essen, das nach ligurischen Standards vielleicht nicht immer *buonissimo*, aber immerhin *buono* ist.

Mehr als zwanzig ligurische Dörfer zählen zu den *Borghi più belli d'Italia*, den schönsten Dörfern Italiens, gefördert von einer privaten Vereinigung, die sich für Orte von besonderem historischen oder künstlerischen Wert einsetzt. Die meisten dieser Dörfer befinden sich unmittelbar an der Küste, darunter Alassio mit seinen Schokoküssen, das bekannte Portofino oder einige Dörfer der weltberühmten Cinque Terre. Doch etwas abseits dieser Orte entlang des typischen Touristen-Trampelpfades verstecken sich solche, die hauptsächlich die Ligurer selbst frequentieren. Um sie zu entdecken, bat ich zu Beginn meiner Zeit in Genua stets einen Einheimischen, mit mir am Wochenende einen Ausflug in ein Dorf seiner Wahl zu unternehmen. Ich ließ mich überraschen und fühlte mich nach Ankunft in immer anderen Dörfern oft wie ein Kind, das ein Bilderbuch aufschlägt und in eine magische Welt eintaucht, die für einige Stunden der Illusion von makelloser Schönheit und Idylle standhält. Einer der ersten *borghi*, der mir genau dieses Gefühl vermittelte, war Borgio Verezzi an der Ponente-Küste, gut drei Kilometer von dem Städtchen Finale Ligure entfernt.

Dörfer wie Borgio Verezzi empfangen den Besucher mit ihren typischen Saumpfaden, die im lokalen Dialekt *crêuze* heißen, und doch ist die Architektur Borgio Verezzis ein wenig anders: Viele Häuser sind im sarazenischen Stil erbaut, dank der einstmaligen Eroberer. Die hohen, spitzen Absätze manch schicker Ligurerin, die beim abendlichen Aperitif *bella figura* machen möchte, können im Kopfsteinpflaster der Gassen oder auf schmalen Steinstufen schon einmal stecken bleiben, selbst bei bequemem Schuhwerk ist die Stolpergefahr groß: Die Mischung aus engen Gängen, antiken Toren, Waschhäusern und Panoramablicken, die sich auf einmal zwischen alten Mauern auftun, beansprucht einfach zu viel Aufmerksamkeit, als dass man sich auch noch auf die unebenen Wege konzentrieren könnte. Um nicht die sogenannten *edicole votive* zu vergessen – Schreine für die Madonna, einen Heiligen oder Märtyrer, die oft Mauern oder Hausfassaden zieren. Die teils aufwendig verzierten oder geschmückten Schreine sind gerade in Dörfern und ländlichen Regionen weit verbreitet und ein Ausdruck der freien religiösen Kunst der Bewohner. Oft genießen die Madonnen und Heiligen einen Weitblick über Terrassenfelder, auf denen Gemüse und Orangenbäume wachsen, während sich auf kleinen Mauern die älteren Männer des Dorfes auf ihre Stöcke gelehnt zum Plausch versammeln. Als wollte sich das Dorf das Beste bis zum Schluss aufheben, eröffnet sich in Borgio Verezzi am Ende ein Platz wie eine riesige Terrasse über dem Meer, auf der sich – wie könnte es auch anders sein – eine gemütliche Bar befindet. Genau sie ist das Ziel der stöckelbeschuhten Damen und ihrer Begleiter, denn ein Aperitif bei hinter dem Meer untergehender Sonne macht jeden Fußschmerz wieder wett.

Wer es den Einheimischen gleichtun möchte und beim Dorfbesuch auch gern ein lokales Gericht probiert, wird in Borgio Verezzi doppelt belohnt: Das Dorf ist nicht nur bildschön, sondern auch der beste Ort, um die typischen *lumache alla verezzina* zu kosten, Weinbergschnecken nach Verezzi-Art. Zu Ehren der Weinbergschnecke findet im Dorf sogar jedes Jahr am 13. und 14. August ein Fest statt – wobei die Schnecken zu Tausenden auf den Tellern hungriger Ligurer landen, die zu dem außergewöhnlichen Festessen nach Borgio Verezzi strömen. Wem der Gedanke an Schnecken auf der Zunge weniger zusagt, muss trotzdem nicht ganz auf Dorfspezialitäten verzichten – rund um Borgio entstehen nämlich neben extra reinem Olivenöl auch köstliche Weine wie der Lumassina, der Nostralino Veretium und teils sogar der Barbarossa.

Ganz ähnlich habe ich meinen ersten Besuch des Dorfes Cervo weiter in Richtung französischer Grenze in Erinnerung, dessen mittelalterlicher Kern direkt über dem Meer zu schweben scheint. In lateinischer Sprache hieß das Dorf, das aussieht wie aus einer Urlaubsbroschüre geschnitten, »Servo« (ich diene). Wozu es dient, das entscheidet jeder ganz individuell, doch sowohl viele Ligurer als auch Besucher von außerhalb sind sich einig: Cervo ist der perfekte Ort, um einen Strandtag ganz entspannt ausklingen zu lassen. In den schattigen Gassen, teils überspannt von eleganten Bögen, zwischen dunkelgelb und rostrot gestrichenen Häusern mit grünen Fensterläden, vor kleinen Läden, die selbst gemachten Schmuck oder ausgefallene Andenken verkaufen, geht es so ruhig und beschaulich zu, dass die Zeit an Bedeutung verliert. So gemütlich, dass manch einer alle Hemmungen verliert und auf der Piazza San Giovanni Battista unbeschwert tanzt – vor der gleichnamigen Barockkirche, die sich mit dem Weitblick übers Mittelmeer einem Schönheitswettbewerb hingibt. Bekannt ist die Kirche auch als Chiesa dei Corallini, Korallenkirche, als Dank an die Korallenfischer, die einst zum Bau des Gotteshauses beitrugen, sei es durch Materialtransport oder durch Spenden. Doch es ist nicht nur die Kirche, die um die Aufmerksamkeit der Dorfbesucher buhlt – da wären auch noch die Herrenpaläste, Zeugen des Wohlstands der Einwohner, die sich ins harmonische Dorfbild einfügen. Und wen in Borgio Verezzi der Gedanke, Schnecken zu futtern, abgestoßen hat, der findet in Cervo wieder vor allem das, was das Meer hergibt: Fisch und Schalentiere, wozu ein weißer Vermentino besonders gut schmeckt.

Da aller guten Dinge drei sind, wäre da noch ein Dorf, das mit allen anderen wenig gemeinsam hat – und laut den Bewohnern nicht einmal in Italien liegt: Seborga. Das Dorf von vier Quadratkilometern Größe mit knapp zweihundertachtzig Einwohnern liegt nicht über dem Meer, sondern weit dahinter, im Ponente-Hinterland auf einer Höhe von fünfhundert Metern. Etwas ganz Besonderes ist es nicht etwa, weil man dort besser essen könnte als anderswo oder pittoreskere Fotos schießen, sondern aus einem Grund, der sich in den Ohren der meisten Besucher zunächst wie ein Witz anhört: Die

Bewohner erklärten ihr Dorf zu Beginn der neunziger Jahre zum unabhängigen Fürstentum! Dem gingen Jahrzehnte voraus, in denen die Dörfler eifrig Dokumente als Beweismittel sammelten – Beweise dafür, dass Seborga 1946, als die Republik Italien gegründet wurde, keinerlei Staatsmacht unterworfen war. Ergo sei es noch immer ein *principato*, Fürstentum, wie im Mittelalter auch. Die offizielle Website des Fürstentums lässt keinen Zweifel zu: »Warum sind wir unabhängig? Weil wir nie aufgehört haben, es zu sein!«, beginnt das Kapitel über Seborgas Status, samt gescanntem historischem Dokument als Nachweis. Gefolgt von einer Erläuterung, die im Jahr 954 ansetzt, als Seborga angeblich bereits ein freies Dorf war.

Zum ersten Fürsten wurde 1995 Giorgio Carbone ernannt, fortan Giorgio I., der zuvor als Unternehmer im Blumenhandel tätig gewesen war und Seborgas Bestreben, als unabhängiges Fürstentum anerkannt zu werden, initiierte. Giorgio I. stellte seine eigene Regierung zusammen, ließ ein Stadtwappen entwerfen und rief sogar eine Armee ins Leben – die aus einer Person bestand. Man wollte sich ein wenig am Vorbild des Fürstentums Monaco orientieren. Schade für Seborga, dass Italien die Unabhängigkeitserklärung nicht anerkannte im Gegensatz zu Brasilien und Nigeria, wo das Fürstentum sogar mit jeweils einem Konsulat vertreten ist – und die Bewohner des Dorfes weiterhin Steuern an Italien zahlen und auch mit dem Euro vorliebnehmen müssen, statt ihre ursprüngliche Währung, den Luigino, als einziges Zahlungsmittel zu nutzen.

Die Unabhängigkeitserklärung brachte Seborga immerhin ab den neunziger Jahren immer mehr Besucher ein, die sich noch heute an dem himmelblauen Schild mit der Aufschrift »*Benvenuti nell' antico Principato di Seborga*« an der Serpentinenstraße hoch zum Dorf erfreuen. Achtung, in der Hochsaison herrscht dort hinter den Kurven Staugefahr, da sich viele Urlauber unbedingt mit dem ungewöhnlichen Schild ablichten lassen möchten! Am Dorfeingang und auf der Aussichtsterrasse neben dem Parkplatz wehen dann auch gleich die blau-weiß gestreiften Flaggen mitsamt dem Wappen des Fürstentums – die gefühlt ebenso jedes zweite Haus im mittelalterlichen Dorfkern zieren. Wer Glück hat, kann sogar einen echten Gardenwechsel fast wie vor dem Buckingham Palace in London miterleben! Der sogenannte *Corpo delle guardie* besteht aus Amateurpolizisten, deren Uniformen den Farben der Fürstentumflagge entsprechen und die entweder die Grenze zu Italien bewachen oder durch die überschaubaren Gassen patrouillieren, um die Fürstenfamilie vor Gefahren zu schützen.

Als der kinderlose Fürst Giorgio I. 2009 verstarb, wurde als Nachfolger Marcello Menegatto beziehungsweise Marcello I. gewählt, der sich jedoch 2018 von dem Amt zurückzog. Erst im November 2019 erfolgte die offizielle Wahl des Folgefürsten: Es wurde eine Fürstin, und zwar Menegattos Ex-Frau Nina Döbler-Menegatto, eine gebürtige Bayerin aus Kempten, die nun sieben Jahre lang auf dem Thron sitzen darf. Sie trägt den Titel »S.A.S. la Principessa di Seborga« (*Sua altezza serenissima*),

Ihre Durchlaucht! Zuvor machte sich die neue Fürstin über zehn Jahre lang für das unabhängige Seborga stark und versuchte, es auch im Ausland zu vermarkten, unter anderem als Touristenziel. Ob das wirkt? Auf jeden Fall! Selbst wer sich über das Unabhängigkeitsbestreben des winzigen Fürstentums lustig macht, widersteht in der Regel nicht der Versuchung, ein Foto von dem malerischen Straßen-Willkommensschild mit Hügelkulisse zu schießen. Um dann auf der großen Piazza San Martino am Dorfeingang mit Weitblick über eben diese Hügel zu schlemmen oder zumindest einen Kaffee zu trinken. Und sollte jemand beim Spaziergang durch die Gassen mit ihren bunten Häusern auf den dummen Gedanken kommen, er befinde sich in einem beliebigen ligurischen Dorf, den erinnern nicht nur die blau-weißen Flaggen an die Realität, sondern auch blau-weiß gestrichene Briefkästen, blau-weiß gestreifte Tischdecken in den Restaurants oder das Staatswappen am Rathaus. Doch zumindest in Sachen Essen scheinen die *seborghini* und die Ligurer einen ganz ähnlichen Geschmack zu teilen: Neben ligurischen Weinen bekommt man in Seborga nämlich auch köstliche *Pesto*-Gerichte, falls dem Besucher Spezialitäten wie geschmorte Ziege mit Bohnen oder Wildschwein mit gegrillter Polenta nicht zusagen. Und als typisches Mitbringsel aus dem Fürstentum gibt es nichts Passenderes als die »Principini di Seborga«, die sogenannten kleinen Prinzen von Seborga – eine Art kleiner, weicher *panettone*.

Die Hexen von Triora

*Ein Dorf in der Provinz Imperia, wo einst Hexen
verfolgt wurden, steckt laut Meinung vieler noch
immer voller Geister*

»Es waren einmal schreckliche Frauen, die ganz böse schauten und Zaubertränke brauten, Windmühlenräder zum Stillstand und die Euter von Kühen zum Austrocknen brachten und dafür sorgten, dass das Korn nicht wuchs …« So oder ähnlich begann manche Spukgeschichte, die Mütter aus Triora ihren Kindern noch bis zur Mitte des 20. Jahrhunderts erzählten. Geschichten über die Hexen von Triora und aus den umliegenden Dörfern, die im 16. Jahrhundert angeblich ihr Unwesen trieben. Noch heute läuft einigen Besuchern beim Spaziergang durch die feuchten Gassen des mittelalterlichen Dorfkerns ein Schauer über den Rücken, wenn sie an den Eisengittern der Häuser der Via San Dalmazzo vorbeikommen. Genau dort, wo einige »Hexen« einst gefangen gehalten wurden und wo manch einer noch immer Gejammer zu vernehmen behauptet, das sich langsam zu grauenvollem Schreien steigert. Zwar ist es über vierhundert Jahre her, dass Dörflerinnen als Hexen bezichtigt, zum Tode verurteilt und teils zu Tode gefoltert wurden, doch sogar bis zum Zweiten Weltkrieg soll manche Frau noch des Dorfes verwiesen worden sein – ohne triftigen Grund oder Beweise, dass sie etwas Unrechtes getan hätte, einfach weil sie anderen Bewohnern suspekt erschien. Erreicht man Triora heute über die Serpentinenstraßen, die sich in Richtung der dicht bewaldeten Hügel und fernen Gipfel der Seealpen schlängeln, könnte man übernatürliche Kräfte höchstens hinter der irren Schönheit vermuten, die Besucher schon vor der Einfahrt ins Dorf selbst erwartet: Der Blick reicht über Bergtäler, in denen sich kleine Häuser mit roten Ziegeldächern aneinanderschmiegen. Manche Siedlung thront ganz oben auf einem der sanft gerundeten Hügel, die an den Felsspitzen der maritimen Alpen auslaufen. Auf den ersten Blick erweckt auch Triora selbst den Eindruck eines weiteren postkartentauglichen ligurischen Dörfchens mit Steinhäusern, vor denen sich Menschen mit Einkaufstüten in den Händen lautstark unterhalten. Es geht tief hinein in die so typische, aus einem ausgedehnten Gassenlabyrinth bestehende Dorfwelt; durch von Bögen überspannte Gassen, die teils so eng von hohen Wohnhäusern umklammert werden, dass man nicht einmal beide Arme seitlich ausstrecken kann. Zwischen den Gemäuern verfängt sich der Duft nach dem als besonders köstlich bekannten frisch gebackenen *pane di Triora*. Und wer seine Hausaufgaben zum Thema Ardesia gemacht hat, dem fällt auch der typisch ligurische Stein an zahlreichen Portalen auf, unter anderem in der Via Giauni, entlang der hohen, flussabwärts führenden Mauer der Stiftskirche.

Hat man sich vorab nicht groß mit Trioras Geschichte befasst, erinnern zunächst nur kleine und große Hexenfiguren in Souvenirläden oder auf T-Shirts mit der Aufschrift »Triora, Dorf der Hexen« an ein besonders düsteres Kapitel des Dorfes – das heute wiederum bis zum Äußersten fürs touristische Marketing ausgeschlachtet wird. So scheint es auch den an warmen Sommertagen von der Küste ins kühle Bergdorf strömenden Besuchern zuliebe, dass mancher Dorfbewohner die eine oder andere Hexenfigur auf dem eigenen Fenstersims platziert. Künstler haben zudem Mauern mit kunstvollen Motiven von Hexen und Teufeln bunt ausgestaltet, vor allem entlang des von unebenen Steinmauern gesäumten Weges, der zum *luogo delle streghe*, dem sogenannten Hexenort Cabotina führt. Er ist bis heute *der* berüchtigte Fleck des ansonsten idyllisch wirkenden Triora, wo Schauergeschichtenliebhaber auf ihre Kosten kommen sollen. Deshalb empfiehlt man diesen besonders, sich erst in den Abendstunden auf den Weg nach Cabotina zu machen, wenn die Dorfbewohner diesen Teil des Dorfes angeblich unter allen Umständen meiden. Schon der Weg ist abenteuerlich: Die Steingasse endet an einer steilen Böschung umgeben von einem Kiefernwald, wo es nur noch in die Tiefe geht, bis zu den Ruinen mehrerer Häuser, die als Heimat der Hexen, im lokalen Dialekt *bàgiue* galten. Die Frauen wurden bezichtigt, einen grauenhaften Zaubertrank aus Kräutern wie Tollkirschen, Bilsenkraut und Stechapfel zusammenzubrauen, unter dessen Einfluss sie obszön tanzten, zügellose Orgien feierten und sich dabei vom Teufel begatten ließen. Man munkelte etwas von geheimen Formeln und davon, wie diese Frauen, statt wie andere Hexen auf einem Besen, auf einem Ziegenbock ausflogen, gut getarnt als hässliche Vögel, um ihr Unwesen auch in anderen Dörfern und bis zur Insel Gallinara zu treiben. Doch das war längst noch nicht alles – die Bürger sagten den Hexen auch nach, Wickelkinder zu misshandeln, die sie den Müttern entwendeten, oder die Muttermilch stillender Mütter sauer werden zu lassen.

Um dem heutigen Besucher ein passendes Fotomotiv vom Ort des heimtückischen Hexenwirkens zu verschaffen, sitzt in einer Höhle inmitten der Ruinen hinter einem Gitter eine hübsche, lebensgroße Frauenpuppe mit langem schwarzem Gewand, feuerroten Haaren bis an die Hüfte und einem Besen in der Hand, neben ihr Holzscheite und darüber ein Topf voller Grünzeug. Für garantierten Grusel lohnt sich der Besuch der Cabotina allerdings weniger an einem lauen Sommerabend als vielmehr an einem kühlen, nebeligen Herbsttag, wenn der Wind durchs Gemäuer pfeift und frisches Laub wie von übersinnlichen Kräften angehoben zu Füßen der Rothaarigen landet. Doch was hat es mit den Hexen von Triora nun genau auf sich?

»Das meiste, was man über die Hexenjagd von Triora im Internet findet, ist nichts als Humbug«, behauptet Sandro Oddo, ein Verantwortlicher beim Verlag Pro Triora, der mehrere historische Bücher über das Dorf herausgegeben hat. »Leider wird immer wieder versucht, die Menschen mit sogenannten Fakten zu ködern, die sich aber nie zugetragen haben und vollkommen übertrieben sind. Bei Pro Triora versuchen wir, dem entgegenzuwirken, und auch im Ethnografischen Museum am Dorfeingang finden sich sachliche Informationen.« Neben Wissenswertem zum Dorf und der umgebenden Natur erfährt der Besucher dort anhand von Informationstafeln, Dokumentationen und alten Briefen, was in Triora zwischen 1587 und 1588 wirklich geschah: Alles begann demnach mit einer anhaltenden Hungersnot, verursacht durch ein schreckliches Unwetter, wofür man 1587 bei einer Sondersitzung des Lokalparlaments einen Sündenbock suchte. Dieser war schnell gefunden: Es mussten Hexen sein, die für das Unwetter verantwortlich waren und die aufgrund ihres Pakts mit dem Teufel Ernteerträge für mindestens drei Jahre vernichtet hatten. Sie trugen, da waren sich alle Sitzungsmitglieder einig, die alleinige Schuld an der Misere und mussten schnellstmöglich aufgespürt werden, damit sie keinen weiteren Schaden anrichten konnten. Wie überall, wo Hexenverfolgungen stattfanden, handelte es sich dabei häufig um Frauen, die sich besonders gut mit Naturmedizin auskannten, also mit Kräutern, und die dadurch manche Leiden besser heilen konnten als die damaligen Ärzte. Zu diesen Kräutern zählte der sogenannte *strigonella*, Bergziest, ein Allheilmittel und gut gegen Schlafstörungen und Nervenprobleme, der noch heute in Triora unter dem Namen *Erba della Madonna*, »Kraut der Madonna« bekannt und in einigen Haushalten im Gebrauch ist.

Bald waren die ersten zwanzig Frauen festgenommen, von denen sich dreizehn nach langer

Folter schuldig erklärten und willig weitere Dörflerinnen der Mithilfe zur Hexerei beschuldigten. In vielen der Schriftstücke im Museum taucht der Name Giulio Scribani auf, ein Sonderkommissar aus Genua, der die *trioresi* bei der Inquisition im 16. Jahrhundert unterstützen sollte. Er ließ weitere Frauen und sogar einen Mann inhaftieren, die angeblich eine Vielzahl von Kindern umgebracht hatten. Einige der Gefangenen starben direkt in den Gefängnissen. Oftmals fielen Frauen zwischen vierzig und sechzig Jahren der Beschuldigung als Hexen zum Opfer, häufig Witwen, Unverheiratete oder Frauen, deren Ehemänner mittellos oder körperbehindert waren, aber auch junge Frauen ohne Familienrückhalt, die aus einem anderen Dorf stammten. Meist handelte es sich um besonders arme Frauen, die zum Betteln gezwungen waren und aus Frust schon mal dem einen oder anderen Dorfbewohner, der seine Hilfe verweigerte, einen Fluch hinterherriefen.

Wer das Ethnografische Museum verlässt, dem wird neben Giulio Scribani ein weiterer Name im Gedächtnis bleiben: der von Franchetta Borelli, die zum Sinnbild der tragischen Hexenjagd Trioras wurde. Im September 1588 wurde sie, die jede Schuld der Hexerei von sich wies, zur Folterqual verurteilt. Man stellte sie komplett rasiert in einen weißen Mantel gekleidet auf die Folterbank. Bis heute kennt wohl jeder Bürger Trioras die Worte, die sie flehentlich zum Himmel gerichtet haben soll: »Ich beiße die Zähne zusammen und sie werden sagen, dass ich lache.« Dreizehn Stunden lang hielt sie die

Folter mit Peitsche und Feuer zu ihren Füßen aus, bis sie nach ein wenig Wasser verlangte und nach gestilltem Durst sogar begann, mit Scribani und seinen Männern zu plaudern. Sie soll einem ihrer Peiniger angeboten haben, dessen kaputte Schuhe auszubessern und sich mit ihrem Verhalten nahezu über ihre Henker lustig gemacht haben. Nach einundzwanzig Stunden Folter gab man ihr sogar etwas zu essen und sie hielt weitere Stunden durch, angeblich nach den an sich selbst gerichteten Worten »Franchetta, was macht es jetzt noch für einen Unterschied, wenn du zwei oder drei weitere Stunden auf der Folterbank verbringst?« Am Ende hatten die Inquisitoren ein Einsehen, dass sie mit Franchetta nicht weiterkamen, steckten sie zurück ins Gefängnis, ließen sie von einem Priester exorzieren und erneut foltern, doch wieder ergebnislos. Nach allen fruchtlosen Versuchen blieb den Hexenjägern keine andere Wahl, als Franchetta freizulassen. Sie soll bis 1595 in Freiheit weitergelebt haben und nach ihrem Tod christlich beigesetzt worden sein. Es ist die einzige Geschichte mit gutem Ausgang aus der Zeit der Hexenjagd, die man aus dem Museum mitnimmt – insgesamt wurden in jenen zwei düsteren Jahren fünfunddreißig Frauen in Triora der Hexerei überführt, von denen neunzehn und ein Mann in Genua inhaftiert wurden und fünf von ihnen im Gefängnis verstarben. Neun weitere Beschuldigte überlebten die Folter in Triora oder seinem Nachbardorf Badalucco nicht, die übrigen kamen am Ende frei.

Und so darf man sich nach einem Besuch Trioras seine eigene Meinung bilden, ob es angemessen ist oder nicht, dass sich das Dorf heute mit dem Titel »Hexendorf« schmückt und durch Schauergeschichten Touristen anlocken möchte. Manch einen mag es versöhnlich stimmen, dass ausgerechnet am Ende der berüchtigten Cabotina nun einige Handwerkerinnen in einem wiedererrichteten Häuschen Selbstgetöpfertes verkaufen. Kaufwillige haben die Wahl zwischen Trollen, Zwergen, Räucherwerk und anderen Artikeln, die keltischen Traditionen entspringen. Und die Giulio Scribani und seine Inquisitoren ganz sicher als Hexenwerk verurteilt hätten.

Bussana Vecchia – von der Geisterstadt zur Künstlerkolonie

Ein Dorf, das nach einem Erdbeben zerstört und verlassen wurde, hat sich seit den sechziger Jahren zur Heimat für internationale Künstler entwickelt

Folgt man den Schildern mit Aufschrift »Bussana Vecchia« ab dem modernen Küstenort Bussana Nuova bergan, werden die Kurven bald so eng, dass bei Gegenverkehr das Knutschrisiko zweier Motorhauben bei jeder Straßenwindung steigt. Doch plötzlich ist Schluss, mehrere Hundert Meter bevor das Navi die Ankunft am Zielort verkündet: Zwischen einer hohen Mauer und einem Abgrund reihen sich die Autos von Anwohnern und Tagestouristen aneinander. Auf den grünen Hügeln gegenüber erheben sich die bunt in die Landschaft gewürfelten Häuschen von Bussana Vecchia, überwacht von einem Kirchturm, der schon vor über einem Jahrhundert sein Schiff verlor – im Jahr 1887, als ein Erdbeben Bussana Vecchia zu großen Teilen zerstörte. Und damit nahm die stets aufregende Geschichte des Dorfes, das nicht nur in Ligurien Seinesgleichen sucht, ihren Lauf.

Die Dörfler wurden zunächst in Holzhütten in Küstennähe untergebracht, bis das neue Dorf Bussana Nuova aus dem Boden gestampft war und den Heimatlosen zwangsläufig als neue Stadt diente.

Die Frage, warum man das ursprüngliche Dorf nicht restaurierte, entlockt bis heute vielen Kopfschütteln – viele vermuten, dass es um Geldmacherei mit dem neuen Bussana ging, wo sich die Menschen, die alles verloren hatten, ein neues Haus kaufen mussten. Erst in den sechziger Jahren sollte sich alles ändern – als zwei italienische Künstler das Ruinendorf für sich entdeckten.

Es waren der Turiner Maler und Töpfer Clizia und der sizilianische Dichter Giovanni Giuffrè, die zu Beginn der sechziger Jahre über das verlassene Dorf stolperten und eine verrückte Idee hatten: Wie wäre es, die Ruinen wieder bewohnbar und ein Künstlerdorf aus den Geisterhäusern zu machen? Clizia soll die Kommune San Remo um Erlaubnis zur Ansiedlung gebeten und das Okay bekommen haben – solange man nicht um irgendwelche Hilfe bäte. Auf dem Höhepunkt der Hippie-Zeit ließen interessierte Künstler nicht lange auf sich warten, darunter viele Europäer und als erste Deutsche Hartmut Sommer und seine mittlerweile verstorbene Frau Elke. »Wir waren 1966 unterwegs, wollten eigentlich nach Tunesien, aber irgendwie sind wir in Bussana Vecchia hängen geblieben«, berichtet Sommer. »Ich habe mich mit Vanni angefreundet und der hat gesagt, wir sollten uns einfach ein Haus aussuchen.« Ein in Besitz genommenes Haus hätte man markiert, indem man Fenster und Türen einbaute, sonst hätte es passieren können, dass ein anderer kam und es unwissentlich ebenfalls besetzte. »Ich habe nur Estrich und Wandfarbe benutzt, und das hält schon fünfzig Jahre«, erklärt Sommer stolz.

Heute klebt an der Haustür in einer der schattigen Gassen ein unscheinbares Schild »Casa Sommer«, und die Söhne des heute Neunundsiebzigjährigen, Leonard und Gordon, kommen noch immer jährlich mit ihren Familien oder Freunden nach Ligurien. »Ich erinnere mich, dass Giovanni Giuffrè zwei Lamas hatte. Eins trug eine Fliege, eins eine Krawatte«, erzählt Leonard Sommer.

Und so zogen nach und nach immer mehr Künstler in das Dorf und das Märchen des Künstlerdorfes, das Menschen, die verrückt genug und willig waren, Ruinen mit ihren eigenen Händen wieder bewohnbar zu machen, begann. Darunter befanden sich auch der Österreicher Wolfgang Weiser und 1969 seine Frau Jana. »Die Idee war wunderschön, weil dies ein Ort sein sollte, der dem Handwerk, der Malerei, Musik und Dichtung gewidmet war. Das hat mir sehr gefallen«, erinnert sich Jana Weiser, seit 2019 Witwe, die sich auch mit siebzig noch die Haare dunkelrot färbt und einen Minirock trägt. In ihrem Studio W + J verkauft sie unter anderem selbst gemachten Schmuck. »Alles lag in Ruinen und es regnete rein, es gab keine Dächer, Stockwerke oder Treppen. Alles musste neu gemacht werden. Außerdem hatte ich meine erste Begegnung mit echter Dunkelheit, denn die ersten zehn Jahre gab es keinen Strom!« Auch Wasser habe man zunächst mit einem Kanister von der Wasserleitung beim heutigen Restaurant holen müssen – bis die Künstler zufällig den Direktor des Wasserwerks kennenlernten und Leitungen zu den Häusern gelegt wurden. »Es war faszinierend, etwas zu nehmen, das niemand wollte, und es exklusiv für kreative Menschen wieder zum Leben zu erwecken«, fand Colin Wilmot, ein weiterer Künstler, der ebenfalls zu den ersten Besetzern zählte und mittlerweile verstorben ist.

Doch nicht alle waren der Künstlergemeinschaft wohlgesonnen: Zehn Jahre lang seien sie den Bewohnern von Bussana Nuova ein Dorn im Auge gewesen, erinnert sich Weiser, bis sich die Situation etwas entspannte. Außerdem seien der Kommune die Entwicklungen im Dorf nach einigen Jahren wohl doch zu weit gegangen und sie hätte einen Versuch unternommen, das Dorf zwangszuräumen. Doch die mittlerweile eingeschworene Gemeinschaft setzte sich mit Barrikaden und mithilfe der Medien erfolgreich zur Wehr. »Eine Gruppe Menschen, die in freundlicher Anarchie zusammenlebt, kann etwas Einzigartiges schaffen, in Harmonie mit ihrer Umgebung und ohne Hilfe des Staates«, fasste es Wilmot kurz vor seinem Tod zusammen.

Viele Besucher Bussana Vecchias schlendern heute durchs Dorf, staunen hier und da, doch was bleibt, ist lediglich ein Eindruck von Fassaden. Dabei sind es die Menschen hinter den Fassaden des Dorfes, die es so spannend machen, auch wenn außer Jana Weiser nahezu alle echten Urgesteine mittlerweile verstorben oder weggezogen sind. Doch da ist noch Silvano Manco, seit Ende der Siebziger im Dorf, der sich selbst als malenden Musiker bezeichnet. Sein Studio Artitude steht voller teils abstrakter Bilder, von denen er soeben eins für einen französischen Käufer liebevoll einwickelt. »Ich bin früher oft mit dem Fahrrad hergekommen«, erzählt er. »Das Dorf war eine Wüste der Stille, der Ruinen.« Auch er fühlte sich letzten Endes inspiriert, dort zu malen und zu komponieren, ganz nach seinem Motto »Kunst zeigt sich in dem, was du tust, sie ist die Verkörperung eines Gedankens«. Doch Manco gehört nicht zu den offiziellen Besetzern – er mietet sein Atelier und seine Wohnung von einem Freund, der aus Bussana Vecchia wegging. »Natürlich nichts Offizielles mit Mietvertrag, alles ganz italienisch«, lacht er. Er akzeptiere, dass der Ort im Grunde dem Staat gehört und sei nicht interessiert an Besitz. »Wir haben zwei Lager im Dorf – die einen, die für kreative Ideale kämpfen, und die anderen, die für Besitz kämpfen!« Für ihn sei die internationale Künstlergemeinschaft von Anfang an eher ein Etikett gewesen, generell gebe es im Dorf »zu viel Bier und zu wenig Kultur«.

Etwas anders sieht es der Mailänder Musiker Maurizio Falcone, mit langen, wild abstehenden grauen Haaren und Ohrring im rechten Ohr, der erstmals 1978 nach Bussana Vecchia kam. »Ich war schockiert, als ich das Dorf sah«, gibt er zu: »Schockiert von dessen Schönheit!« Jedoch habe er sich erst 1991 im Dorf niedergelassen. Von einer großen Familie im Dorf spricht er nicht, doch anders als Manco, mit dem er manchmal gemeinsam Jazz spielt, sieht er noch den Gedanken hinter der Gemeinschaft: »Wir retten hier eine Idee, die noch immer lebt.« Bussana Vecchia müsse man einfach lieben, oder aber man gehe weg.

Unweit der Kirche, hoch über den Dächern, führt eine steile und enge Treppe ins Schlaf- und teils auch Arbeitszimmer der französischen Künstlerin Marie-Eve Merilou, 1968 geboren, die in ihren zwanzigern eine Liebesgeschichte mit einem Künstler aus Bussana Vecchia verband. »Zuerst wollte ich gar nicht für immer bleiben«, gesteht die gelernte Pariser Kostümschneiderin, doch dann sei sie über Freundschaften an das Atelier und Haus gekommen. Sie beschreibt das Dorf als eine wahrgewordene Utopie, die wie ein Eisberg sei, von dem der Außenstehende nur die Spitze sehe. »Es gibt hier viele soziale Schichten, und selbst Menschen mit Drogen- oder Alkoholproblemen können sich integrieren und bekommen noch eine Chance.«

Für viele ist Bussana Vecchia ein Mikrokosmos, wo es etwas von allem gibt. Schaut man genauer hin, zeigt sich, dass die meisten der im Dorf aufgewachsenen jungen Leute dort auf Dauer hängen bleiben, denn ein vergleichbares Leben in absoluter Freiheit werden sie anderswo schwer finden. Selbst wer zunächst zum Studieren weggeht oder ins Ausland zieht, kommt am Ende meistens zurück. So zum Beispiel Mattia, der zur dritten Generation der heute etwa Zwanzig- bis Anfang Dreißigjährigen gehört und ins Dorf zurückgekehrt ist, um dort über Airbnb Unterkünfte zu vermieten. Stolz präsentiert er das Haus, das sein Opa mit eigenen Händen bewohnbar machte, mit jeder Wandnische als Regal oder Ablage – und mit Hängematte im kleinen Vorhof. Oder Vittorio, Musiker und DJ, der mit acht Jahren mit seiner Familie nach Bussana

Vecchia zog. Entgegen der Meinung vieler glaubt der gelernte Erziehungswissenschaftler nicht, dass die Flamme der Kunst im Dorf schon ganz erloschen ist. Er schwärmt von seiner Kindheit, wo er immer frei herumlaufen und in jedes Haus hineingehen konnte, wo es nirgendwo in Ortsnähe Autos gab und alle Nachbarn eine große Familie für ihn waren. »Ich weiß nicht, ob ich immer hierbleiben werde, aber ich werde immer wiederkommen«, bestätigt er. »Und ich träume davon, eines Tages geführte Touren durch mein Dorf anzubieten.«

Dass den Künstlern beim anfänglichen Wiederaufbau viel daran lag, die mittelalterliche Architektur zu erhalten, ist noch heute beim Dorfspaziergang erkennbar. Die oft von Efeu und anderem Grün bewachsenen Steinhäuser sind teils liebevoll restauriert, teils wohnen Menschen allerdings auch in Gebäuden, in denen an der einen oder anderen Stelle noch ein Dach oder eine Wand fehlt, aber das scheint niemanden zu stören. Einige Mauern beherbergen kleine Läden, die Bilder, Schmuck oder Kleidung verkaufen. In einem Atelier fertigt ein Künstler ein Bild eines Pärchens an, in einem Hof schläft ein großer Hund vor der Kulisse von Schwarz-Weiß-Porträts. »Zunächst war die Gemeinschaft sehr familiär und wir hatten gemeinsame Ziele, aber ab Ende der Neunziger sind dann immer mehr junge Mädchen gekommen und haben Geschäfte aufgemacht«, bedauert Hartmut Sommer. »Das wollten wir eigentlich nicht, es sollte kein kommerzielles Dorf werden.« Er und seine Familie hätten im Grunde immer damit gerechnet, eines Tages rausgeworfen zu werden, und hätten sich nicht an den Besitz gebunden. »Für uns ist das Haus ein Geschenk und wir sind jedes Jahr dankbar, dass wir es noch haben und wieder herkommen können«, bestätigt Sohn Gordon, während er mit seiner Familie von der großen Terrasse hoch über den Dächern bis zum Mittelmeer blickt.

Wer Bussana Vecchia besucht, findet selbst dann, wenn die meisten Tagestouristen unterwegs sind, überwiegend ruhige Gassen mit Galerien, auf Korbstühlen dösende Katzen und manch offene Tür, wie die Open Art Gallery, wo Musiker in einem oberen Stock an einem neuen Lied werkeln und ein Zelt auf der Dachterrasse verrät, dass hier wohl jemand wohnt. An einem Straßenstand gibt es Bussana Vecchias Magie zum Mitnehmen – in dunkelbraunen Flaschen, die laut handgeschriebener Aufschrift an das Erdbeben von 1887 erinnern. Wenige Meter weiter hat ein Niederländer die »Casa La Barca« geschaffen, mit abgewetzten Sesseln und Sofas auf der mit Holzlatten ausgebauten Terrasse und einem Glas Wein oder Eistee für jeden, der sich ins Innere verirrt. Die Hippie-Zeit lebt auch im Café am Eingang weiter, der Osteria degli Artisti, wo sich Dörfler und Besucher ganztägig versammeln und man teils gelallten, teils ernsthaften Gesprächen über neue Projekte lauschen kann. Umgeben von Künstlern mit langen Haaren und Ohrringen oder Künstlerinnen in wallenden bunten Kleidern kommt manchmal zumindest für ein paar Minuten wieder echtes Sechziger- und Siebziger-Jahre-Feeling auf.

Aber die Idylle, die Besucher erleben, trügt: Wurde Bussana Vecchia 1887 durch das Erdbeben zerstört, droht der Künstlergemeinde nun das endgültige Aus von oben: Schon in den achtziger Jahren sollen Künstler immer mal wieder offizielle Schreiben von der zuständigen Kommune bekommen haben, dass sie zu Nachzahlungen verpflichtet wären oder aber das Dorf verlassen müssten, andere Male ging es um die mangelnde Sicherheit im Dorf, wo Touristen durch herabstürzende Steine verletzt werden könnten. Doch alle waren sich stets in einem einig: Die Mühlen der italienischen Bürokratie mahlen besonders langsam, und lange rechnete niemand mit ernsthaften Maßnahmen. Nur Jana Weiser war sich nicht so sicher: »Dieses Mal gehen die Streitigkeiten von Genua aus, und das sind die Schotten von Italien!« Sie sollte recht behalten: Im September 2020 verlor sie den begonnenen Rechtsstreit vor Gericht und sollte ihr Atelier und Wohnhaus, das sie mit ihrem Mann in den Sechzigern eigenhändig aufbaute, verlassen.

Nur Marie-Eve Merilou gewinnt den juristischen Streitigkeiten etwas Positives ab: »Dadurch bleibt uns noch ein wenig Authentizität erhalten, wir können gemeinsam für etwas kämpfen.« Tatsächlich haben sich die Sammelklagen gegen den drohenden Rauswurf vermehrt, und gerade die jüngeren Generationen wollen kämpfen für das, was die Eltern oder Großeltern mit eigener Kraft zu neuem Leben erweckten. Leonard Sommer beispielsweise entwickelte einen Film mit dem Titel »Bussana Resilient«, in dem Dörfler zu Wort kommen, um Aufmerksamkeit für die Schwierigkeiten Bussana Vecchias zu gewinnen und es »zu retten«. Doch wird all dies ausreichen, damit der Mikrokosmos auch künftig noch für die Bewohner erhalten bleibt – und den Touristen als in Ligurien einzigartiges Ausflugsziel? Noch ist die Antwort darauf weit offen.

Auf dem Dach Liguriens

Im Gegensatz zur überlaufenen Cinque-Terre-Wanderung bietet der ligurische Westen einsame Wege in den Seealpen – bis hinauf auf den höchsten Berg Liguriens

Beim Stichwort »Wandern in Ligurien« denken die meisten sofort an die Cinque Terre – jene fünf weltberühmten, malerischen Küstendörfer am östlichen Ende Liguriens – und an den Küstenwanderweg zwischen Riomaggiore und Monterosso al Mare, der die Dörfer miteinander verbindet. Und nicht nur das: Auf sämtlichen Wanderwegen von gut hundertzwanzig Kilometern durch den gesamten Cinque-Terre-Nationalpark klackern ständig die Wanderstöcke und hält sich die Zahl der Sohlenabdrücke und der Pflänzchen am Weg die Waage. Doch ist das wirklich alles, was Ligurien Natur- und Wanderfans zu bieten hat? Natürlich nicht!

Im äußersten Westen der Region, an der französischen Grenze, beginnt sogar der längste Fernwanderweg Liguriens, die Alta Via dei Monti Liguri, kurz AV, der sich auf gut vierhundertvierzig Kilometern ab Ventimiglia durchs ligurische Gebirge schlängelt. Dabei endet er nicht etwa in der Regionshauptstadt Genua, sondern führt weiter bis in den kleinen Ort Ceparana in der Provinz La Spezia und damit bis an die toskanische Grenze. Wer ganz viel Zeit mitbringt, erwandert die gesamte Strecke in vierundvierzig gemütlichen Etappen, meist parallel zur Küste – ohne allerdings zwischendurch ins Meer springen zu können, denn um ans Wasser zu gelangen, ist überall entlang der Gebirgsstrecke zunächst ein Umweg angesagt. Doch auch wer nur eine einzige Strecke oder ein paar Etappen aussuchen und einen Tag lang in die Welt des wenig besuchten Ponente-Hinterlands eintauchen möchte, wird mit teils sanfter, teils rauer Wildnis belohnt – und kann dabei ohne allzu große Mühe oder Bergsteigerkenntnisse auf das Dach Liguriens steigen. Auf den Monte Saccarello, den mit zweitausendzweihundertein Metern höchsten ligurischen Berg, den selbst viele gebürtige Ligurer nur dem Namen nach kennen.

Er erhebt sich in den maritimen Alpen oder Seealpen, wo Italien und Frankreich aufeinandertreffen. Dort eröffnet sich eine Seite Liguriens, die mit den Küstenorten voller sich ständig auf die Zehen tretender Touristen so gar nichts zu tun hat. Im Gebirge rund um den Monte Saccarello sind die Ligurer selbst nicht nur Statisten, Kellner oder Eisverkäufer vor der Kulisse des Bilderbuch-Mittelmeerurlaubs, sondern werden zur unverhofften Wanderbegleitung oder zu gesprächigen Lehrern, die den vereinzelten Besuchern gerne die umgebende Bergwelt erklären.

»Wir kommen fast jedes Wochenende hierher in die Berge und erkunden immer neue Wege«, erzählt ein Pärchen aus dem Dorf Verdeggia auf tausendeinhundert Metern Höhe, von dem aus wir zufällig zur gleichen Zeit am frühen Morgen in Richtung Monte Saccarello kraxeln. Die beiden sehen nicht aus wie die Ligurer, die man üblicherweise am Strand trifft, die meist im Tiefbräunungswettbewerb miteinander stehen und auf den neuesten Schrei bei Strandkleidchen, Sonnenbrillen und Strandtaschen setzen. Die Einheimischen, die im Gebirge herumstreifen, tragen Funktionskleidung und Wanderstiefel und schleppen Rucksäcke, sie wischen sich ungeniert den Schweiß von der Stirn und halten bei jeder Biegung inne, um sich an der Weitsicht zu freuen. »Schau mal, der Berg dort hinten, der so ein bisschen im Dunst liegt, das ist schon Korsika!« Wahnsinn! Unsere Augen wollen uns glauben machen, dass man in wenigen Stunden dorthin wandern könnte, dabei trennen uns mehr als dreihundert Kilometer – und natürlich das Mittelmeer – von Korsikas höchsten Gipfeln.

Ansonsten sind kaum Menschen unterwegs auf den sich bedächtig in die Höhe schlängelnden Wegen durch Laub- oder Mischwälder. In den Lärchen hüpfen Eichhörnchen fast lautlos umher, dann wieder erstrecken sich Weiden neben dem Weg und der Blick reicht über Baumwipfel, über die weichen Rundungen der begrünten Seealpen und Ruinen von winzigen Steinhäusern, den Case Vesignana. Ein Duft nach Pinien erfüllt die morgendlich frische Luft und die Sicht ist so klar, wie man sie am Meer selten findet. Am ersten Pass auf knapp tausendsechshundert Metern, dem Passo Collardente, scheint es, als wollte der Monte Saccarello Wanderern schon einmal eine Vorschau seiner Schönheit bieten: zunächst waldig, dann flach begrünt und an der Spitze kahl geschoren. Aus diesem Winkel präsentiert er sich allerdings auch steiler, als ihn sich manch einer nach der Beschreibung auf Internet-Wanderseiten als »recht einfacher Berg« vorgestellt haben mag. Doch wer bereits die Hälfte geschafft hat, lässt sich auch von der zweiten Runde nicht schrecken, die immerhin entlang der Alta Via dei Monti Liguri verläuft und gut mit rot-weiß-gestreiften Schildern und den unverkennbaren Lettern AV markiert ist. Verlaufen ausgeschlossen! Sollte man meinen … und doch lande ich auf einem Hof, wo sich eine große, der Duftnote nach mit Dünger gefüllte Maschine dreht und sich nicht einmal ein müder Hund für mich interessiert. Aber egal, dort oben in den Bergen, fernab der Hektik Genuas oder der überfüllten Strände, spielt Zeit keine Rolle. Der Gipfel mag das Ziel sein, doch wenn der Weg so hübsch gesäumt wird von Anemonen, fliederfarbenen Veilchen, ligurischem Enzian sowie Kornblumen und der Blick mal an den französischen Seealpen hängenbleibt, mal am korsischen Gebirge, dann darf das Ziel ruhig ein bisschen warten.

Auf den letzten Metern windet sich der Pfad immer steiler in die Höhe, schließlich sollen sich Wanderer den Gipfel auch verdienen, dann ist es geschafft: Zur Linken erstreckt sich ein sanft gewellter Gebirgskamm. Man möchte drauflos laufen, von Berg zu Berg hüpfen, über die menschengemachten Ländergrenzen hinweg, bis die sanft-grünen Rundungen übergehen in die grau-steinige Wüste der über dreitausend Meter hinausreichenden französischen Seealpen. Wiesen rollen hinab bis zu den winzig erscheinenden Bergdörfern in den Tälern, von denen aus sich neben Wanderwegen auch Mountainbike-Strecken hoch zum Monte Saccarello schlängeln. Statt Gipfelkreuz reicht auf zweitausendzweihundertein Metern ein Obelisk in den noch tiefblauen Himmel. Ein Mountainbiker und ich erreichen ihn gleichzeitig. Der junge Mann etwa Mitte dreißig strahlt, stellt sich als Mario vor. »Ich wohne dort unten in Monesi und mein Cousin und ich sind von dort hochgefahren«, erzählt er, als er wieder bei Atem ist. »Von Monesi und auch Realdo gibt es tolle Mountainbike-Strecken. Jetzt gehen wir erst mal essen und verbringen dann eine Nacht in den Bergen.« Wo das? »Im Rifugio La Terza, da gibt es richtig leckeres Essen!« Wie bald klar wird, ist die La-Terza-Schutzhütte auf dem Monte Saccarello eine Top-Attraktion ligurischer Tagestouristen – auch der lauffaulen, denn zu meiner Überraschung erzählt Mario, dass ab Monesi eine teils asphaltierte, von Autos und Motorrädern befahrbare Straße auf den Gipfel führt. Tatsächlich sammeln sich auf einem improvisierten Parkplatz zu Füßen des Obelisken bald einige Fahrzeuge, aus denen sich ältere Herrschaften mit oder ohne Stock quälen, um die letzten paar Hundert Meter bis zum Rifugio zu Fuß zurückzulegen. »Um dort zu übernachten, sollte man unbedingt vorab reservieren, wie bei allen *rifugios* hier im Gebirge, denn manche davon sind auch geschlossen«, geben mir die beiden Männer mit auf den Weg, bevor sie dem Ruf ihrer knurrenden Mägen folgen.

»Man kann auch über einen ehemaligen Militär-Schotterweg hochfahren«, wirft ein älterer Mann ein, der die ganze Zeit schweigend neben uns gestanden hat und versonnen in die Ferne schaut. Er deutet in verschiedene Richtungen. »Schau mal, dort im Nordwesten, das ist der pyramidenförmige Berg Monviso, er ist über dreitausendachthundert Meter hoch, und dort entspringt die Quelle von Italiens längstem Fluss, dem Po! Und da hinten sind der Monte Frontè, die Cima Missun und der Monte Bertrand. Zusammen bilden sie ein alpines Massiv aus kalkhaltigem Untergrund.« Donnerwetter, der Mann kennt sich aus! Er habe sein ganzes Leben hier verbracht und komme mindestens einmal die Woche auf den Berg, berichtet er. Unter uns sieht man eine halb in den Hügeln versunkene Batterie beziehungsweise Stellung und ich frage ihn, was es damit auf sich habe. »Davon gibt es hier im Gebirge verteilt ganz viele, sie wurden zu Beginn des 20. Jahrhunderts als Artillerie-Batterien gegen die Franzosen gebaut. Jetzt sind sie schon lange verlassen, aber manchmal suchen Tiere dort im Sommer Schutz, wie Hasen und Murmeltiere, aber auch Gämsen.«

Auch dieser gesprächige Ligurer hat den *pranzo*, ein Mittagessen, im Rifugio La Terza gebucht, ich hingegen habe ein Date mit Jesus Christus. Richtig, auf dem Monte Saccarello finden sich nämlich nicht nur ein Obelisk und mehrere Batterien, sondern auch eine 1901 erbaute bronzene Christus-Statue. Um zu diesem auf einem Sockel thronenden Christus emporzuschauen, braucht man den Kopf nicht ganz so weit in den Nacken zu legen wie unter seinem weitaus imposanteren Bruder in Rio de Janeiro. Zum Unglück aller Besucher mit knipsbereiter Kamera wird er wenige Minuten später von aufdringlichen Wolken, die das Mittelmeer herüberschickt, eingewickelt. Eine ähnliche Figur findet sich auf vielen weiteren Gipfeln Italiens, denn zu Beginn des 20. Jahrhunderts war es Tradition, auf dem höchsten Berg jeder Region des Landes eine Christus-Skulptur als Zeichen des Schutzes für die umliegenden Dörfer aufzustellen. Auch der *Cristo* des Monte Saccarello wurde damals mit viel Pomp im Beisein von Bischöfen und anderen Geistlichen eingeweiht – eine Zeremonie, die sich noch immer jährlich am ersten Sonntag im August wiederholt. Dann kommen Kirchenleute, Dörfler, aber auch Hirten und Wanderer von nah und fern auf dem Gipfel beim Christus zusammen, um gemeinsam eine große Messe zu feiern.

Wer den Monte Saccarello an einem anderen Tag im Jahr erklimmt, darf trotzdem zu Füßen des *Cristo* ein wahrhaft gesegnetes Picknick genießen – um dann auf demselben, schnellsten Weg nach Verdeggia zurückzukehren. Oder aber über den längeren Pfad, vorbei am Rifugio Sanremo, der höchsten Schutzhütte Liguriens, über den Passo di Garlenda und den Passo della Guardia. Und auch wenn sich zwischendurch immer mal wieder Nebel zwischen Wanderer und Weitblick drängeln sollte, ist der Weg doch so gut erkennbar und ausgeschildert, dass ein Verlaufen schwierig wäre. Vielmehr kommt die Gefahr von einer ganz anderen Seite:

Die Versuchung, der Alta Via immer weiter in Richtung Osten zu folgen, von den Seealpen bis zum Apennin, wächst mit jedem Schritt. Denn wäre es nicht schön, ganz Ligurien eines Tages zu Fuß zu durchqueren auf dieser »grünen Autobahn«, die im Verborgenen durch die gesamte Region mit ihren abwechslungsreichen Landschaften führt?

Süße Küsse

Die Baci di Alassio sind köstliche Dickmacher mit langer Tradition

Er gehört zu den beliebtesten Badeorten der ligurischen Riviera – der kleine Ort Alassio mit nicht einmal elftausend Einwohnern, den die ersten Touristen schon Ende des 19. Jahrhunderts für sich entdeckten. Zum Glück, denn hätten sie dies nicht getan, gäbe es heute nicht die wohl süßeste Schokoladen-Verführung Italiens: die einmaligen Baci di Alassio, übersetzt »Küsse von Alassio«, die seit 2006 auch als DOP eingetragen sind – als Produkt mit geschützter Ursprungsbezeichnung, das einzigartig ist und nicht kopiert werden darf.

Die Tourismusbehörde bewirbt Alassio als »Città degli Innamorati«, Stadt der Verliebten, denn ihren Namen verdankt sie angeblich der Prinzessin Adalesia, der Tochter von Otto dem Großen. Der Legende zufolge flüchtete diese mit ihrem Geliebten und bald heimlichen Ehemann Aleramo, den Kaiser Otto überhaupt nicht als geeigneten Schwiegersohn ansah, in das Dorf Vegliasco in den Hügeln über Alassio – wo man noch heute den Turm der Liebenden mit Traumsicht über die Küste findet. In dessen Stein wurde ein (mittlerweile arg verwittertes) Abbild Adalesias gemeißelt. Und auch das Stadtwappen von Alassio erinnert an die Prinzessin mit einem Bild, das sie hoch oben auf ihrem Turm zeigt. Doch wurden dieser Legende der Liebenden zu Ehren ausgerechnet in dem hübschen Küstendorf die ersten Schokoladen-Küsse gebacken? Nein! Auch nicht der Skulptur von zwei Liebenden auf dem berühmten Muretto di Alassio, einem Mäuerchen mit an die tausend bunten Keramikfliesen, bedruckt mit den Autogrammen berühmter Menschen – wobei das erste von Ernest Hemingway stammt!

Statt sich auf der Spurensuche nach dem Namen Baci in Legenden und allzu viel Historie zu verlieren, reicht es, sich anzuschauen, woraus die Dickmacher bestehen. Dazu geht man am besten in die noch heute bestehende Pasticceria Balzola, die Konditorei mit Café, wo vor über einem Jahrhundert alles begann, und die mittlerweile zu den wahrhaft historischen Orten Italiens zählt. Schon die Schaufenster des hell erleuchteten Lokals an der zentralen Piazza Matteotti, voller Schokoladen-Küsse und anderer Süßspeisen, lassen auch die willensstärksten Diätverteidiger und Zuckergegner innerhalb von Sekunden schwächeln. Und betritt man das Café erst einmal, umwirbt einen der Duft nach geschmolzener Schokolade so unbarmherzig, dass jeder gute Vorsatz, »nur mal zu schauen« dahinschmilzt wie das weiche Schokoherz eines Bacio di Alassio auf der Zunge.

Die rundlichen schokobraunen Baci von etwa fünfzig Gramm pro Stück (je nach Konditorei auch nur bis zu zwanzig Gramm) bestehen jeweils aus zwei gerillten, nach oben spitz zulaufenden Kekshälften, die einen cremigen Schokoladenkern umschließen. Sieht man sie an, ist das Geheimnis um den Namen der Spezialität aus Alassio schnell gelüftet: Mit etwas Fantasie kann man sich die beiden Kekshälften als Lippen vorstellen. Nur, dass das schokoladige Innere so viel süßer ist, als es eine Zunge sein könnte! Nicht zu verwechseln sind die Baci di Alassio mit den Baci di Dama, »Damenküssen«, die nicht nur kleiner sind, sondern auch aus Mandeln statt Haselnüssen gemacht werden und im piemontesischen Tortona entstanden, und den Baci di Perugia, die es weltweit zu kaufen gibt.

In Alassio führen heute Carlomaria Balzola und seine Schwester Maria Teresa das Familienunternehmen in vierter Generation. »Mein Urgroßvater Pasquale Balzola hat das Lokal 1902 eröffnet«, berichtet Carlomaria Balzola stolz. »Wir haben hier schon als Kinder mitgearbeitet und die Tradition fortgeführt, als unser Vater 2013 verstorben ist.« 1902 habe an dem Platz allerdings statt einer Konditorei mit Café ein Gasthaus mit Stallungen gestanden, wo die Gäste während ihrer Einkehr die Pferde unterstellen konnten. »Die Geburtsstunde der Baci di Alassio schlug im Jahr 1919. Sie begannen als Haselnusskekse mit Schokolade, die man gut zum Tee essen konnte«, so Balzola. Tee? Bei Italien denkt man normalerweise doch eher an *cappuccino* und *espresso!* Der junge Mann lächelt. »Damals gab es tatsächlich unheimlich viele britische Touristen an der ligurischen Küste, die meist vermögend waren.« Also habe Uropa Pasquale schnell ein gutes Geschäft gewittert und sein Gasthaus mit Stallungen in eine Konditorei mit Café verwandelt. »Er dachte, die Baci würden den Briten gut zu ihrer traditionellen Tasse Tee um siebzehn Uhr schmecken.« Der Uropa sollte recht behalten! Die Briten bissen im wahrsten Sinne des Wortes an und Pasquales Sohn Rinaldo machte später in Turin eine Ausbildung zum Konditor bei einer der renommiertesten Konditoreien der damaligen Zeit. Die Karriereleiter führte ihn bis auf den Posten des hauseigenen Konditors des Hauses Savoyen – der Dynastie, der zwischen Mitte des 19. Jahrhunderts bis 1946 alle italienischen Könige entstammten. Und nebenbei verfeinerte er auch noch das Baci-Rezept seines Vaters. »Rinaldo verdanken wir unsere heutigen Baci di Alassio aus zwei Haselnusskeksen, vereint durch eine feine Creme aus Bitterschokolade.«

Die Baci seien bis dato das Flaggschiff der Konditorei und Alassios, wobei die Menge an produzierten Küsschen je nach Jahreszeit variiere. Im Sommer etwa, wenn mehr ausländische Touristen kämen, produziere die Konditorei Balzola teils an die hundert Kilo Baci pro Tag. Auch über das Internet könne man die Leckereien mittlerweile bestellen, wenn man auch zu Hause nicht auf die Delikatesse verzichten wolle. Oder auf andere Köstlichkeiten aus der italienischen Feinbäckerei, denn die Region gebe viele Zutaten her, die sich wunderbar verarbeiten ließen. Wer von den Baci noch nicht satt geworden ist, dem bietet Balzola gleich das ebenfalls historische Pane del Marinaio an, süßes »Seemannsbrot« aus Mehl, Zucker, Butter, Sultaninen-Trauben, Orangeat, Zitronat, Pinienkernen,

Eiern, Hefe und Vanille. Eine Köstlichkeit, die sich ein Ligurer gerne mal nach dem Abendessen zu einem *vino passito* – Trockenbeerenauslese – gönnt.

Doch den Großteil der Zeit sind Balzola und seine Mitarbeiter mit den Baci beschäftigt – für deren Produktion brauchen sie nämlich anderthalb Tage, von der Bearbeitung der Piemont-Haselnüsse über eine Ruhezeit der äußeren Keksmasse von sechs Stunden bis zur Schokocreme beziehungsweise Ganache der Baci, die beide »Lippen« am Ende umschließen soll. Die vielen Besucher aus Ligurien selbst, aus ganz Italien, Frankreich, Deutschland und der Schweiz sind sich häufig nicht bewusst, wie viel Arbeit in einem einzigen kleinen Schokokuss steckt, und sie sehen ebenso unwissend über die Aufschrift auf den Baci-Kästchen hinweg: »... *i suoi dolci sono i dolci della galanteria*« – »Ihre Süßspeisen sind die Süßspeisen der Galanterie«. »Das Zitat stammt vom Dichter Gabriele D'Annunzio, der oft nach Alassio kam«, erzählt Balzola. »Da er nie Geld hatte, verkaufte er manchmal seine Kunst gegen etwas zu essen und formulierte diesen bis heute berühmten Satz gegenüber meinem Uropa Pasquale.«

Als es am Ende zu der Frage kommt, ob Carlomaria Balzola das Rezept seiner Baci di Alassio für alle Hobbybäcker verraten würde, schweift er ab. »Das Rezept liegt in der ausgiebigen Suche nach erstklassigem Rohmaterial! Bei den Haselnüssen nutzen wir nur jene aus Piemont, die leicht kugelig sind. Der Kakao ist eine ganz feine Sorte aus Belgien und den Honig kaufen wir bei einem regionalen Imker ein. Zu all diesen Zutaten höchster Qualität kommen noch große Leidenschaft und ein tiefer Respekt für das Originalrezept von 1919. Noch heute folgen wir ihm konsequent!« Mehr ist aus Balzola nicht herauszubekommen. Amateurbäcker müssen sich also mit dem zufriedengeben, was italienische Rezeptseiten im Internet hergeben:

Um etwa fünfzehn Baci di Alassio zu backen, braucht man für die Kekse demnach:

500 g geschälte Haselnüsse
250 g Zucker
40 g Kakao
3 Eiweiß
eine Prise Salz
30 g Honig
Und für die Füllung:
100 g frische Sahne
150 g dunkle Schokolade

Man beginnt mit dem Keksteig, indem man die Haselnüsse auf dem Backblech etwa fünf Minuten bei hundertachtzig Grad röstet und dann abkühlen lässt. Dann werden die Haselnüsse im Mixer zusammen mit dem Kakao und dem Zucker fein gemahlen. Das Eiweiß schlägt man mit der Prise Salz auf und gibt es zu dem entstandenen Pulver aus Haselnüssen, Kakao und Zucker. Dies mixt man nun und gibt den Honig dazu, bis eine relativ feste Creme entsteht. Diese füllt man in einen Spritzbeutel mit geriffelter Tülle und platziert die entstehenden Häufchen auf ein von Backpapier bedecktes Blech. Es sollten etwa dreißig Stück zusammenkommen, um am Ende fünfzehn Baci di

Alassio zu haben. Dieser erste Baci-Teil sollte etwa zwölf Minuten bei zweihundert Grad backen.

Nun ist das Herz der Baci an der Reihe, das die »Lippen« umschließen werden. Dafür erhitzt man die Sahne bis kurz vor dem Sieden und gießt sie dann in eine Schüssel, die bereits die dunkle Schokolade enthält. Daraufhin heißt es etwa zehn Minuten warten, bis die Schokolade geschmolzen ist, danach wird beides vermischt oder mit einem Rührgerät aufgeschlagen. Im nächsten Schritt wird ein wenig der Creme mit dem Spritzbeutel auf die flache Seite der zuvor gebackenen Kekse gestrichen. Den zweiten Keksteil klebt man einfach oben drauf. So ergeben sich, wenn alles gut funktioniert hat, genau fünfzehn Baci di Alassio, die am Ende nur ein wenig im Kühlschrank abkühlen sollten. Im Grunde ganz leicht, oder? Und im Gegensatz zu den Angaben von Balzola klingt das auch nicht nach Arbeit von anderthalb Tagen. Ob allerdings das Ergebnis des Heimexperiments den von Carlomaria Balzola gelobten »Hochgenuss aus dem zarten Haselnusskeks und der kräftigen Creme aus Bitterschokolade, der die Geschmacksknospen bei diesem wahrhaft gelungenen Kontrast aufblühen lässt« erzielt, bleibt fraglich. Falls es nicht gelingt und der Baci-Genuss bald nur noch eine süße Erinnerung an die Ligurienreise ist, umso besser für die Figur: Ein Bacio di Alassio von etwa fünfzig Gramm enthält laut Balzola bereits zweihundertzehn Kalorien! Die aus Alassio von der Konditorei Balzola oder einer der anderen etwa zehn Baci-Bäcker vor Ort mitgebrachten Schokoküsschen sollte man innerhalb eines Monats auffuttern: »Länger halten sie nicht, da sie frei von allen Konservierungsmitteln sind«, ermahnt Balzola seine Gäste von außerhalb Liguriens und Baci-Neulinge. Aber eine solche Warnung scheint ohnehin überflüssig. Wer bringt schon die Willenskraft auf, einmal gekaufte Baci bis zu einem Monat unangerührt zu lassen?

Dolceacqua – mehr als nur süßes Wasser

Im Hinterland Liguriens entsteht der angeblich beste Rotwein der Region

Rubinrot fließt er ins Glas und verströmt ein so fruchtiges, blumiges und gleichzeitig leicht würziges Aroma, dass jeder weitere Moment, den man das Glas noch nicht an die Lippen führt, zur Herausforderung wird. Dann endlich ist er gekommen, der Verkostungsmoment des jungen Rossese aus dem Dorf Dolceacqua im ligurischen Hinterland. Trocken und herb kitzelt er die Geschmacksnerven wach, mit einem Hauch von wilden Beeren und einer Prise Macchia und Thymian in Form von Oliven. Die würzige Note ist gerade ausgeprägt genug, um auf die Veredelung in Holz schließen zu lassen. Die Winzer sprechen von einer einmaligen Verbindung zwischen mediterranem Überschwang und festländischer Eleganz, von einem idealen Dialog zwischen zwei gegensätzlichen Welten und Finesse ohne Ende. Der junge Rossese enthalte oft eine leicht pfeffrige Note, die sich beim reiferen Wein nach einigen Jahren zu einem stärkeren Geschmack nach Macchia entwickle oder nach exotischen Aromen wie Tee, Weihrauch oder Sandelholz.»Häufig bemerkt man auch eine gedämpfte Note nach Meeresduft, die ganz besonders und gut auszumachen ist«, so Winzer Filippo Rondelli, vierundvierzig, von Terre Bianche, einem alteingesessenen Winzerbetrieb Dolceacquas mit *agriturismo*. Dort lernen Besucher nach Vorabbuchung einer Weinverkostung gleich sechs ligurische Weine kennen – neben drei Varianten von Rossese auch drei Weißweine, einen Vermentino und zwei Pigato.

Dass der Name des Dorfes mit gerade mal zweitausend Einwohnern übersetzt »süßes Wasser« bedeutet, scheint etwas fehlgegriffen: Wirklich süß ist der Rossese, der als bester Rotwein Liguriens gilt, zwar nicht, dafür ist er aber das Aushängeschild des Dorfes und seiner Umgebung. In Ligurien, das ansonsten für seine leichten, aromatischen Weißweine bekannt ist, stellt ein so einzigartiger Roter, dem mancher Weinkenner sogar die Eigenschaften eines Burgunders nachsagt, eine wahre Rarität dar. Kein Wunder also, dass er 1972 der erste ligurische Wein war, der mit DOC ausgezeichnet wurde (*denominazione di origine controllata* – kontrollierter Ursprungsbezeichnung). Der Blog *Wine Dharma*, der italienischen Weinen gewidmet ist, vergleicht den Rossese treffend mit »Muhammad Ali, der herumhüpft wie ein Schmetterling und sticht wie eine Hornisse dank der Faustschläge aus Würzigkeit und Balsam-Geschmack« sowie mit Ligurien selbst: »Wunderschön, aber scheu, lernt man ihn am besten auf der Reise kennen, um ihn langsam zu genießen, mit Sonne, die die Haut verbrennt, und Meeressalz auf den Lippen.«

Wann genau in dem malerischen, acht Kilometer von der Küste entfernten Dolceacqua zwischen den Seealpentälern Val Nervia und Val Verbone die ersten Weinreben wuchsen, ist nicht geklärt. Der Weinbau auf fünfhundert Metern Höhe könnte auf die Etrusker und Griechen zurückgehen, zumal sich noch immer einige kelchförmige, für die Griechen typische Rebstöcke finden. Ein Indiz wäre, dass der Weinstock im örtlichen Dialekt *scarassa* heißt, was dem Altgriechischen »caras« sehr nahekommt. Ganz sicher wollen die etwa zwanzig hauptberuflichen Winzer und stolzen Dorfbewohner jedenfalls wissen, dass es den Rossese schon zu Zeiten des Machthabers der Republik Genua, Andrea Doria, gab, der zwischen 1466 und 1560 lebte. Er soll sogar seine Soldaten vor jeder Schlacht ermutigt haben, ordentlich Rossese zu schlucken, um Mut zu sammeln. Glaubt man den Dörflern, so nutzte auch Papst Paul III. den Rossese als Wundermittel gegen körperliche Gebrechen sowie Alterungserscheinungen. Und Napoleon Bonaparte soll so begeistert von dem Getränk aus Dolceacqua mit dreizehn Prozent Alkoholgehalt gewesen sein, dass er es sich fassweise nach Paris bestellte und später selbst im Exil in Sankt Helena nicht ganz ohne auskam.

Der Name Rossese leitet sich wahrscheinlich von dem Begriff *roccia* ab, Fels; »Felsen-Wein«, was die Lage der Reben perfekt beschreibt. »Dieser Wein entsteht aus roten Beeren, die in Italien einzigartig sind«, so Rondelli. Der Winzer schwärmt von der rubinroten Farbe des jungen Weins, die sich mit den Jahren in eine orangegelbe Tönung verwandle. Besonders zeichne diesen Wein der stark würzige

Geschmack aus, schmackhaft und etwas sauer, der sich schon am Geruch und noch ausgeprägter bei der Verkostung offenbare. »In den besten Flaschen genießt er den Vorteil besonderer Leichtigkeit und Eleganz, vervollständigt von würziger Intensität und Komplexität.« Die Würze rangiere in etwa zwischen einem Weiß- und einem Rotwein, eine echte Seltenheit bei Rotweinen. Leider werde der Rossese oft sehr jung getrunken, dabei habe er ein wunderbares Alterungspotenzial, das am Ende alle Erwartungen übertreffe. Einen wahrhaft legendären Wein habe Rondellis Vater im Jahr 1996 hergestellt: Einige berühmte Sommeliers lobten ihn in diversen Publikationen als beste Verkostung aller Zeiten. »Ich habe selbst vor ein paar Jahren eine der wenigen noch erhaltenen Flaschen zusammen mit Freunden geöffnet – es war ein unglaubliches Gefühl! Ich finde überhaupt, dass die Verkostung von Weinen unterschiedlicher Jahrgänge einer Reise in einer Zeitmaschine ähnelt. Es ist schön, entscheiden zu können, in welches Jahr man reist.«

Ein Leben ohne den Rossese kann sich der junge Winzer heute nicht mehr vorstellen. Zwar habe er zunächst andere Pläne gehabt, sogar ein Sprach- und ein Musikstudium begonnen, doch nachdem sein Vater früh verstorben war und er dessen Teil des Familienbetriebs Terre Bianche geerbt hatte, kehrte er nach Dolceacqua zurück. Immerhin stellte bereits der Urururgroßvater Tommaso als Erster im Ort Rossese her. Dass die Trauben gerade in diesem Tal seit jeher gut gedeihen, ist kein Zufall. »Etwas ist einzigartig in dieser Zone: Der sehr helle Boden besteht aus hochkonzentriertem Kalziumkarbonat, da er früher mal unter dem Meeresspiegel lag. Man findet sogar noch marine Fossilien verstreut!«, weiß Rondelli. Den Namen Terre Bianche, »weiße Böden«, trage sein Betrieb aufgrund dieses hellen Bodens, der das Wachstum von Weinreben besonders fördere.

Lauscht man den spannenden Erklärungen im Rahmen einer Weinverkostung, so verdankt Dolceacqua seinen ausgezeichneten Rotwein einem Zusammenspiel aus geografischen, klimatischen und historischen Gründen. Neben der Bodenqualität begünstigt die Lage zwischen Seealpen und Mittelmeer und das damit verbundene milde Klima das Gedeihen der Trauben. »Das Wetter ist durch die Nähe von Meer und Bergen sehr wechselhaft und wir genießen hier fünf verschiedene Arten von Klima, die sich allesamt im Wesen des Weins aus unterschiedlichen Reben ausdrücken. Deswegen haben wir einige Weine, die mediterran und üppig ausfallen, und andere, die kontinentaler und herber sind«, erklärt Rondelli im Beisein von Weinliebhabern verschiedener Nationen. Während der Führung erfährt man, welchen Einfluss der jeweilige Boden auf das Endprodukt hat, vom entwässerten Schieferboden bis zu weißem oder rotem Ton, der Feuchtigkeit besser speichert. Daher müsse der Winzer entscheiden, auf welchem Boden der jeweilige Weinberg zu pflanzen sei, um am Ende das gewünschte Produkt zu erhalten.

Fährt oder wandert man durch die Landschaft der Provinz Imperia, in der auch Dolceacqua liegt, fallen am Fuß der Bergketten so viele Terrassenfelder wie nirgends sonst in Ligurien auf. Dies zwingt die Winzer dazu, ihre Arbeit in den Weinreben überwiegend manuell vorzunehmen, da diese mit Maschinen unmöglich zu erreichen sind. »Das kompliziert unsere Arbeit, ist aber auch Teil unserer Leidenschaft. Am Ende sind es die winzigen und hässlichen, verstreuten Trauben, die für den besten Wein sorgen.« Auch wenn sie mit ihrer dünnen Haut sehr anfällig seien für Pilzerkrankungen und die Rebstöcke deshalb ständiger Pflege bedürften.

Besonders wissbegierige Besucher der Wein-Tour möchten natürlich erfahren, wie aus den Trauben nun der beliebte Rotwein entsteht. Zur Gärung des Traubenmostes kommen die ganzen oder bereits von der äußeren Schale befreiten Trauben in einen Bottich aus Stahl oder Holz, wo die Gärung sofort beginnt. Dabei können ausgewählte Gärstoffe helfen, die Zucker und Sauerstoff aufnehmen und unter anderem Alkohol produzieren. So werden Aromen freigesetzt, die bleiben und sich im Wein selbst entwickeln. Auf den ersten Gärungsprozess folgt der zweite, der dazu dient, den Wein zu »stabilisieren« und jedes Risiko einer erneuten, ungewollten Gärung in der Flasche abzuwenden. »Meist kann der Wein im März des darauffolgenden Jahres abgefüllt werden, damit er wirklich rein ist und sein Aroma voll entfalten kann.« Manchmal lasse man den Wein auch wie früher in Fässern mittlerer oder kleinerer Dimensionen altern, um die Mikrosauerstoffzufuhr zu fördern oder um das etwas aufdringliche Tannin abzurunden.

»Die Herstellung des Rossese ist für viele Familien Teil unseres kulturellen Guts, auch wenn es nur ein Hobby ist«, weiß Rondelli. So sei auch Terre Bianche aus Weinliebhaberei entstanden, lange bevor der Rossese mit der Zeit in die Dorfgeschäfte und in immer mehr Restaurants in Italien und im Ausland vorgedrungen sei. »Vielleicht waren wir nicht die Ersten, die den Rossese produziert haben, aber sicher unter den Ersten, die ihn sich zum Lebensinhalt machten, noch bevor er zum Lebensunterhalt wurde. Und das in einem Moment, als viele vom Land flüchteten, um anderswo an der Küste ihr Glück zu suchen.« Rondelli erinnert sich, wie die Straßen in seiner Kindheit noch aus Schotter bestanden, dass es keine Telefonverbindung gab und keine Stromleitung. »Als ich ein Kind war, mussten wir noch mit einem Stromgenerator arbeiten und fließendes Wasser gab es im Nachbardorf Brunetti, wo wir wohnten, erst ab 1985.« Trotz der schwierigen Bedingungen habe sich sein Vater Claudio damals dafür eingesetzt, den Rossese über die Grenzen Liguriens hinaus bekannt zu machen, vor allem auch unter renommierten Wein-Connaisseuren. Sein Ehrgeiz machte sich offenbar bezahlt: Heute kommt laut Rondelli etwa die Hälfte der Rossese-Liebhaber aus Frankreich, Deutschland, den Niederlanden, Skandinavien, Großbritannien und den USA.

Dabei ist der Rossese durchaus nicht der einzige in Ligurien produzierte Rotwein, wie man wegen dessen Bekanntheitsgrads annehmen könnte. Zwar wird kein anderer Wein so sehr gelobt und teils sogar verherrlicht, aber ansprechender Rotwein entsteht unter anderem auch in Pornasso, ebenfalls in der Provinz Imperia, bekannt für seinen Ormeasco, oder in Quiliano unweit von Savona, wo der Granaccia hergestellt wird. Doch kein anderer Wein lässt sich so gut mit verschiedenen Speisen kombinieren wie ein Rossese: Sei es zu Fett- oder anderem Fisch wie Stockfisch, zu weißem Fleisch wie Huhn, zu Lamm oder Kaninchen, zu den in Ligurien typischen Gemüsegerichten oder auch zu asiatischen Speisen – ein Glas Rossese passt immer. »Es ist den salzigen und würzigen Komponenten zusammen mit lebhafter Weinsäure zu verdanken, dass der Rossese fast jedes Gericht wunderbar ergänzt«, so Rondelli.

Der erste Genuss eines guten Rossese zu einem lokalen Gericht ist besonders in Dolceacqua selbst unvergesslich, einem Dorf, das von dem imposanten Castello dei Doria dominiert wird. Wunderschön fand diese Ansicht auch Claude Monet, der sich nicht mit einer Postkarte begnügte, sondern Dolceacqua mehrmals malte. Er beschrieb den kleinen Ort als »Juwel der Leichtigkeit« und malte das Schloss ebenso wie die zweiunddreißig Meter lange Brücke Ponte Vecchio von 1400, die zur Altstadt mit ihren von Steinbögen überspannten Gassen, den *carugi* führt. Und mit dem würzigen Geschmack des Rossese auf der Zunge macht es zum Abschluss des Dolceacqua-Besuchs besondere Freude, in die Fußstapfen Monets zu treten: An genau den Stellen, wo er einst seinen Schemel aufstellte, stehen heute Tafeln zum Gedenken an die Bilder eines buchstäblich malerischen Ortes. Ob Monet dabei allein der Ort oder auch der Rossese als Muse dienten, ist leider ungewiss.